Quand l'intuition
trace la route

DANIÈLE HENKEL

Quand l'intuition
trace la route

LES ÉDITIONS **LA PRESSE**

COLLECTION PLUS

Catalogage avant publication de Bibliothèque et Archives
nationales du Québec et Bibliothèque et Archives Canada

Henkel, Danièle,
Quand l'intuition trace la route
Édition originale : 2013.
ISBN 978-2-89705-433-5
1. Henkel, Danièle, 1956-   . 2. Soins de beauté - Québec (Province).
3. Femmes d'affaires - Québec (Province) - Biographies. I. Titre.

HD9970.5.C672H46 2015   338.7'6164672092   C2015-940876-8

Présidente Caroline Jamet
Directrice de la commercialisation Sandrine Donkers

Éditrice déléguée Sylvie Latour
Conception de la couverture Rachel Monnier
Photos de la couverture Pierre Manning / Shoot Studio
Grille intérieure Célia Provencher-Galarneau
Montage et versions numériques Studio C1C4
Révision linguistique Sophie Saint-Marie
Correction d'épreuves Yvan Dupuis

L'éditeur bénéficie du soutien de la Société de développement des entreprises
culturelles du Québec (SODEC) pour son programme d'édition et pour ses activités de promotion.

L'éditeur remercie le gouvernement du Québec de l'aide financière accordée à
l'édition de cet ouvrage par l'entremise du Programme de crédit d'impôt pour
l'édition de livres, administré par la SODEC.

Nous reconnaissons l'aide financière du gouvernement du Canada par l'entremise du Fonds du livre du Canada (FLC).

Nous remercions le Conseil des arts du Canada de l'aide accordée à notre programme de publication.

© Les Éditions La Presse
TOUS DROITS RÉSERVÉS
Dépôt légal — 2ᵉ trimestre 2015
ISBN 978-2-89705-433-5
Imprimé et relié au Canada

LES ÉDITIONS LA PRESSE
Les Éditions La Presse
7, rue Saint-Jacques
Montréal (Québec)
H2Y 1K9

À toi, maman, qui as dédié ton existence
à l'amour de la vie et des autres

Table des matières

~

Préface
Pour vous parler de notre mère

~

Quand nous avons su que notre maman écrivait un livre, nous, ses quatre enfants, avons tous été quelque peu étonnés.

Nawel, peut-être la plus spontanée d'entre nous, a tout de suite dit : « Un livre sur ma mère ? Voyons donc ! Ce n'est que ma mère. Mais elle va raconter quoi ? Ah oui, c'est vrai… Au fond, notre famille n'est pas tout à fait comme toutes les autres. Nous ne sommes pas typiquement arabes, pas vraiment juifs, pas tellement… et pas assez… En fait, nous sommes des immigrants parfaitement intégrés, des Québécois, des Canadiens, des citoyens du monde. Et puis c'est vrai, son histoire est spéciale. C'est une battante, exigeante et disciplinée. Elle ne prend jamais un non pour un non. Je l'ai quelquefois appris à mes dépens.

Elle a toujours voulu faire une différence. Elle a un sens profond de ce qu'elle doit faire et surtout une vision incroyable des choses. Je suis toujours étonnée de voir naître des idées, des tendances et même des services qu'elle avait imaginés quelques années auparavant !

Plus j'y pense et plus je crois que son histoire mérite d'être connue. Je suis même convaincue que ce livre sera utile à beaucoup de gens, car c'est la mission qu'elle s'est assignée sur cette terre : donner et partager. »

Amel, fidèle à notre génération, s'est ensuite exprimée à peu près sans filtre : « Je suis très heureuse que maman écrive son histoire, parce que je sais que ce livre est attendu par beaucoup de ceux qui l'ont découverte grâce à la télévision. C'est moi qui reçois au bureau les magnifiques mots de remerciement et d'affection, ainsi que les témoignages émouvants que les gens lui font parvenir après une émission ou une conférence. C'est une véritable récompense pour elle, mais aussi une forme d'accomplissement.

Maman est l'incarnation même de la persévérance. Les lecteurs vont découvrir au fil de son parcours qu'il est possible d'arriver à ses fins si on a confiance en soi et que l'on se donne des rêves qui sont à sa portée. Ils vont également comprendre que, à condition d'y mettre de la bonne volonté, beaucoup d'amour et de ne pas compter ses heures, on peut parfaitement réussir sa vie de femme, de mère et d'entrepreneure.

Maman nous offre une aventure humaine extraordinaire et, avec elle, chaque jour apporte son lot de surprises. Ce livre vous permettra sans aucun doute de découvrir une femme équilibrée, fidèle à elle-même et surtout très respectueuse des autres. »

Kader, le pragmatique de la famille, y est allé de ses impressions mi-intellectuelles, mi-émotives : « Il ne m'a jamais semblé très normal que quelqu'un puisse écrire un livre sur sa vie. Mais dans le cas de ma mère, il s'agit presque d'un aboutissement logique. Son acharnement à réussir, sa capacité de travail, son

Préface

charisme, sa facilité à entrer en relation avec les gens l'ont menée là où elle est… et bien plus loin que j'aurais pu l'imaginer!

Maman, c'est une présence. C'est quelqu'un qui touche le cœur des gens de tous âges. Les plus jeunes aiment la côtoyer, car ils se retrouvent un peu en elle. Elle croit en eux, leur donne confiance et leur insuffle une formidable énergie.

Maman, c'est aussi l'intuition sur deux pattes. Très déroutant pour un esprit cartésien et analytique comme le mien. Pourquoi fait-on ceci ou cela? Pourquoi va-t-on par là? Vous n'aurez qu'une vague réponse, si vous en avez une… Mais si sa décision est prise, c'est comme ça que ça se passera!

Maman croit fermement à ce qu'elle fait. C'est cette croyance et cette conviction qui la poussent en avant et qui sont le moteur de sa vie.»

Enfin, moi Linda, l'aînée de la famille, je vous dirais que tout ce qui est conventionnel ne ressemble pas à ma mère. Ce livre en est l'exemple. Mais si elle l'écrit, c'est qu'elle y voit quelque chose d'utile et même de nécessaire. Il faut toujours la suivre quand elle se lance dans des aventures de la sorte. De toute manière, elle est très difficile à arrêter!

Ce livre plaira à ceux qui sont habités de 1000 doutes, tant dans leur vie personnelle que dans leur vie professionnelle, car maman est la détermination même. Peu importe ce qu'elle entreprend, il lui est impossible d'envisager l'échec. Pour nous qui la côtoyons au quotidien, c'est un enseignement fondamental, et ce livre pourrait être une grande source d'inspiration pour beaucoup de gens.

Aînée de la famille, j'observe maman évoluer dans son univers depuis de nombreuses années et, si j'avais un commentaire sur son comportement et sa manière d'être, je vous dirais simplement ceci: maman ne travaille pas. Elle vit à travers ce

13

qu'elle fait et entreprend. Elle ne s'arrêtera donc jamais. Et c'est tant mieux pour nous.

Nous découvrirons ce livre en même temps que vous, les lecteurs. Car maman n'a pas voulu que l'on en prenne connaissance avant d'en rédiger la préface. Chère maman ! Ce qu'elle sait nous mettre hors d'équilibre et en haleine.

Linda, Nawel, Kader et Amel Henkel-Mahieddine

Avant-propos

~

Nous sommes faits de l'étoffe de nos rêves.

Shakespeare

Que ce soit à titre privé ou professionnel, depuis que mon entourage sait que j'ai décidé d'écrire un livre sur mon parcours et sur certains épisodes de ma vie, même les plus personnels, qui ont contribué à faire de moi la femme que je suis devenue, la question la plus fréquente a été : pourquoi ?

Cette question, je me la pose aussi. Je dois avouer que l'idée me trottait dans la tête depuis un certain nombre d'années, mais probablement d'une manière un peu différente. Je n'avais nullement l'intention d'écrire une biographie qui serait publiée. Ma démarche était plutôt familiale. C'est en pensant aux miens que j'envisageais de coucher sur papier les étapes d'une vie pour le moins atypique. Une vie parsemée d'embûches, de drames, de peines immenses, de trahisons, de haine et de méchanceté, mais aussi ponctuée de grandes joies et de beaucoup d'amour. Des expériences et des émotions propres à vous forger un caractère combatif et qui vous prédisposent à affronter les épreuves avec un autre regard. Avec assurance et détermination. Je destinais ces quelques pages à mes enfants et à mes petits-enfants.

Un peu comme un legs afin qu'ils ne baissent jamais les bras quoi qu'il leur arrive, qu'ils ne se découragent en aucun cas et surtout qu'ils n'oublient jamais d'où ils viennent.

Les événements en ont décidé autrement. Jamais je ne me serais prêtée à un exercice aussi exigeant et périlleux si la série télévisée *Dans l'œil du dragon* ne m'avait propulsée à l'avant-scène. Diffusée à Radio-Canada depuis 2012, cette émission qui m'a révélée au public a été un formidable déclencheur.

J'ignorais tout de ce que l'on appelle communément la notoriété et je vous avoue humblement qu'après deux ans d'expérience télévisuelle je n'en maîtrise toujours pas les différentes facettes. C'est un phénomène nouveau dans ma vie, et pas un instant je n'aurais pu imaginer que cela susciterait autant d'intérêt à mon égard, autant de questions.

J'en ai très vite pris conscience. À la fin des conférences que je donne depuis quelques années, les gens n'hésitent pas à m'aborder, avec l'envie manifeste d'en savoir plus. Ces personnes semblent démontrer un réel intérêt à mon égard, et il m'est, à mon grand regret, très difficile de leur apporter des réponses satisfaisantes lors de ces brefs échanges. Ils en veulent plus, et je me devais de répondre à leurs attentes. C'est alors qu'a germé l'idée de ce livre.

Au cours des deux dernières saisons de *Dans l'œil du dragon*, vous m'avez suivie avec beaucoup de gentillesse et de sympathie, vous m'avez encouragée et vous m'avez même parfois témoigné de l'admiration.

Probablement parce que je suis très sensible à l'attention soudaine que vous me portez, parce que le partage fait partie de mes valeurs et parce que vous êtes très naturellement venus vers moi, j'ai décidé de me livrer un peu plus ici. En m'accueillant chaque semaine avec autant de fidélité dans l'intimité de votre salon, vous m'avez fait un magnifique cadeau. Ce livre n'est qu'un juste retour des choses. À mon tour de vous entrouvrir les portes de mon univers et de vous raconter sans pudeur ni détour des épisodes de ma vie que jamais je n'aurais imaginé rendre publics un jour. Il est temps de lever le voile.

Je suis arrivée jusqu'à vous
~

En janvier à Oran, il fait un temps très agréable. Même si le soleil ne brûle pas encore notre peau, il enveloppe la ville d'une lumière très particulière, et les ombres ne font qu'accentuer la blancheur éclatante des bâtiments. La ville est belle. Mise en valeur par la Méditerranée qui lui sert d'écrin, on l'appelle « el Bahia », la radieuse. Malgré une agitation politique inquiétante en ce début de 1990, Oran vibre au rythme du raï. Popularisée par Khaled, digne descendant des grands prêtres de la musique algérienne qu'étaient Blaoui Houari et Ben Brahim, cette musique tient une place importante dans la vie culturelle nord-africaine. Plus qu'un symbole, elle correspond à un véritable mode de vie.

Il y a quatre heures à peine, j'y étais encore.

Mon mari Ahmed et ma fille aînée Linda se sont assoupis, recroquevillés sur leurs sièges. Je ne parviens pas à fermer l'œil. Je n'ai jamais beaucoup dormi, mais, cette nuit, même l'immense fatigue que je ressens ne me permet pas de trouver le sommeil dans cet avion qui nous conduit à Montréal. Nous devons atterrir à Mirabel. Le nom est joli. Tout à l'heure,

Linda m'a demandé s'il y fait le même temps qu'à Montréal. Le Canada, en janvier ? Je me suis informée de la météo. J'ai froid juste à y penser. Mais nous sommes vêtus de vestes de laine et de tout ce que nous avons de plus chaud. Nous sommes prêts.

Cette nuit, j'ai l'impression de porter sur mes épaules l'avenir de toute une famille. Ma famille. Ma mère et mes trois autres enfants sont restés à Oran, en attendant de nous rejoindre, car je ne retournerai pas là-bas. J'ai décidé de tout quitter. J'émigre. J'entraîne les miens dans l'aventure la plus folle de ma vie.

J'ai 34 ans et j'ai une trouille d'enfant. « Maman, j'ai peur… Si j'ai réussi à monter dans cet avion, c'est grâce à toi. Tu n'aurais pas voulu que je recule, que je renonce. J'ai eu ce courage que tu as démontré tant de fois. »

La colère s'accentue en Algérie. Je le ressens plus que je ne peux l'affirmer. Il y a quelques mois, autour du hammam, on a commencé à jeter de drôles de regards sur mes filles parce qu'elles parlaient français et qu'elles ne portaient pas le voile. Les yeux de l'intolérance se posaient de plus en plus autour de moi. Subtilement, insidieusement, l'intégrisme s'installait. Je le ressentais. Il n'était pas question que je le vive et que les miens en subissent les foudres.

Fille d'une mère juive et d'un père allemand, élevée dans la religion catholique, ayant vécu au Maroc et en Algérie, femme d'un musulman, détentrice d'un passeport apatride, je quitte le Maghreb pour le Québec. J'ignore tout de ce qui m'attend : l'hiver, la vie nord-américaine, le logement. Où allons-nous vivre ? Pourrons-nous trouver du travail ? Pourrons-nous nous intégrer ? Je pensais aux enfants. Et maman ? Pourra-t-elle, à son âge, surmonter un tel bouleversement ? Les questions se bousculent. Je n'ai pas de réponses. J'ignore si je reverrai un jour tous ces gens que j'aime et que j'ai le sentiment d'abandonner à leur triste sort. J'avais une très belle vie avant que le Front islamique et certains groupes radicaux décident de prendre en main nos destinées. En sera-t-il de même au Canada ? Je frissonne de tout mon être. Comment vais-je vivre ? Survivre ? Je ne sais pas.

Seule certitude, je dois aller au bout de ce projet fou. J'ignore les difficultés auxquelles je devrai faire face, mais je crois en moi. Mes expériences, mes valeurs, mon intuition et ma détermination à toute épreuve sont des atouts précieux pour prendre de grandes décisions. De ce point de vue, la vie m'a gâtée et je compte mettre à profit ce trésor qu'elle m'a confié.

Oujda : l'enfance

~

Dieu n'aurait pu être partout et, par conséquent, il créa les mères.
Proverbe juif

Lorsque j'essaie de comprendre la signification de certains de mes gestes, ce qui est le cas au moment précis où j'écris ces lignes, je procède comme on le fait souvent : je remonte dans le passé et je fouille dans mes souvenirs. Je suis née dans une famille monoparentale, fille d'une femme extraordinaire, devenue riche sans même savoir lire. Maman a eu 3 hommes dans sa vie et un seul garçon, mon demi-frère, de 14 ans mon aîné.

Ma mère s'appelait Eliane Zenati. Son père était un Juif d'origine italienne et sa mère, une Juive marocaine. Elle est venue au monde dans une famille pauvre composée de trois garçons et d'une autre fille, nés de deux pères différents qui ont brillé par leur absence. Ma grand-mère, qui a vécu jusqu'à 92 ans avec toutes ses dents, était une très belle femme, aux magnifiques cheveux qui lui arrivaient au bas des reins. Une femme autoritaire qui avait élevé, pratiquement seule, ses enfants. Très vite, ma mère a appris à s'en occuper, car grand-maman, alors qu'elle était encore dans la force de l'âge, avait fait une chute dans un escalier qui l'avait privée de l'usage de ses jambes. Tant qu'elle en a eu la force, maman l'a transportée sur ses épaules quand c'était nécessaire.

Pendant que ses frères étaient aux études, grand-maman a décidé de retirer sa fille cadette de l'école alors qu'elle avait seulement sept ans.

— Les filles ne vont pas à l'école, elles doivent apprendre à être de bonnes épouses et à bien tenir la maison pour leur futur mari, lui avait-elle dit.

Et elle a envoyé maman faire des ménages, question d'arrondir aussi un peu les revenus familiaux. Mais elle ne l'a jamais demandé à l'autre fille de la famille, Mercedes. Jamais maman ne m'a expliqué les raisons qui ont poussé sa mère à la traiter de façon aussi injuste. Tout au plus, j'ai compris assez vite que maman, à l'âge adulte, s'était soulevée contre cette décision, sans jamais toutefois en faire porter le blâme à sa mère. Plus encore, maman, malgré sa rancœur, a aidé ses frères et sa sœur tant qu'elle l'a pu, durant toute sa vie. Jusqu'au décès de ma grand-mère, elle lui a rendu visite pour veiller à son bien-être, parcourant souvent des centaines de kilomètres dans des conditions déplorables.

Je n'ai pratiquement pas connu grand-maman. Elle est décédée en 1959, alors que j'avais 3 ans.

Un jour de 1963, au début des hostilités entre le Maroc et l'Algérie, les frères et la sœur de maman ont décidé de quitter le Maroc pour Israël. Ils ont demandé à maman de les suivre. Elle a refusé. Ma grand-mère était décédée, et maman n'avait plus vraiment d'atomes crochus avec sa famille.

Elle avait peut-être une autre bonne raison de ne pas les suivre. Maman était devenue l'une des commerçantes les plus en vue d'Oujda.

Alors qu'elle n'avait que 10 ans, ma mère avait été engagée par une pied-noire (femme française née et ayant grandi en Afrique du Nord) qui tenait seule une boulangerie-pâtisserie-confiserie au cœur d'Oujda, une belle petite ville située à l'extrémité nord-est du Maroc, à la frontière de l'Algérie. À l'époque, Oujda devait compter 300 000 habitants.

Occupée comme tant d'autres en Afrique par les Français pendant plus d'un siècle, Oujda possède depuis des lustres sa médina, un souk hebdomadaire réputé dans toute la région, de superbes mosquées et synagogues ainsi que quelques palais fabuleux.

Maman a commencé par y faire des ménages et la cuisine jusqu'à ce que la dame, ayant constaté que la petite Eliane était plus futée qu'on pouvait le croire, lui montre à tenir la caisse de son commerce. Maman devait monter sur un tabouret pour accéder au tiroir-caisse. C'est comme ça qu'elle a appris à compter. Un lien puissant s'est créé entre les deux femmes. Maman, qui avait su se rendre indispensable à la bonne marche du commerce, était un peu considérée comme la fille de la propriétaire qui avait beaucoup d'affection pour elle. À tel point que, au décès de cette femme qui n'avait aucune famille, maman a hérité du commerce. Elle n'avait que 18 ans !

Après de nombreux démêlés avec le fisc et la justice, qui tentaient par tous les moyens d'annuler ce legs à une jeune fille n'ayant aucun lien de parenté avec la défunte, elle est devenue en quelques années propriétaire de la meilleure boulangerie-pâtisserie d'Oujda et une actrice importante de l'économie locale. Partie de rien, elle était à 25 ans plus riche que ses frères et sœur réunis. Le commerce se transformait quelquefois en un lieu d'échanges, de réunions et de fêtes. Maman était en quelque sorte une grande dame de la ville, une personnalité. Elle s'était mariée avec Abdelkader Ayouni, un coureur cycliste algérien très populaire au Maroc. Une superstar, un homme flamboyant. Il a adopté mon demi-frère, que ma mère avait eu d'une union précédente. Pour ma mère, tout allait pour le mieux dans le meilleur des mondes.

On l'appelait Lili, soit « la mienne » en arabe. Elle organisait des réceptions très courues derrière la maison attenante au commerce, dans le grand jardin fleuri où poussaient cèdres et amandiers. L'élite de la région s'y retrouvait comme dans un salon de thé. Il faut dire qu'au plus fort de son activité à Oujda, au tournant des années 1960, maman était devenue investisseuse, notamment dans plusieurs projets immobiliers de la région.

Eliane était belle et fière. C'était une femme corpulente et gracieuse à la fois. Son visage respirait le bonheur et la bonté. Elle avait un certain goût pour le faste. Les bijoux, les robes spectaculaires, les dessous chics. Elle aimait les Cadillac, mais pas n'importe lesquelles. Celles qu'elle achetait devaient toujours être d'une couleur unique dans tout le Maroc. Pendant plusieurs années, elle a eu un chauffeur et un garde du corps. C'était totalement inusité et avant-gardiste dans un pays arabe pour une femme ayant réussi par elle-même. Elle jouissait d'un statut rarement accordé.

Au milieu du XXe siècle, le Maroc, pays de plaines, de plateaux et de montagnes avec, au sud, un accès au désert du Sahara, était encore dirigé par des sultans. À majorité arabe musulmane, avec une forte présence française, espagnole et juive, c'était une société conservatrice à souhait, comme celles de la majorité des pays voisins, l'Algérie ou l'Espagne, entre autres. Rares étaient les femmes qui pouvaient s'y distinguer. L'exploit que ma mère avait accompli à force de combat, de témérité et de persévérance, le tout agrémenté de quelques astuces dont elle seule avait le secret, n'en était que plus grand.

Sur quoi s'était-elle appuyée pour accéder à ce statut ? Où avait-elle pris son sens des affaires, au-delà du simple fait de tenir commerce ? D'où venait son goût pour l'entrepreneuriat ? J'ai encore aujourd'hui, malgré mon parcours, l'impression que cela tenait du miracle. Il est clair que maman aimait les gens et le public. Il est évident qu'elle cherchait à faire du bien. Il est certain que c'était une battante et une bosseuse qui aimait aller au bout d'elle-même et qui n'avait pas peur du risque. Mais elle avait surtout beaucoup de résilience et d'instinct. Deux traits de personnalité qui ne s'apprennent ni ne s'achètent.

Les gens allaient à la pâtisserie pour toutes sortes de raisons. Y compris pour y trouver de quoi se nourrir quand ils étaient sans le sou. Maman leur offrait alors le pain gratuitement et n'hésitait pas à faire cadeau aux enfants de ses meringues dont ils raffolaient. Elle participait activement aux grandes œuvres caritatives de la ville et soutenait ceux qui voulaient lancer leur entreprise.

Maman a souvent prêté de l'argent à des gens qu'elle connaissait à peine, sans rien exiger en retour. Alors qu'elle était issue d'un monde composé de misère et de pauvreté, il me semblait que le bien qu'elle faisait aux autres la soulageait de ses souffrances. L'être humain avait une tout autre importance que l'argent à ses yeux. Elle a toujours agi de la sorte. La maison était toujours ouverte, aux plus pauvres comme aux plus riches. L'argent se gagne honnêtement, disait-elle. Mais, dans son esprit, il devait aussi être partagé avec ceux qui en avaient le plus besoin.

Il lui est même arrivé de cacher des gens à la maison au moment des différents soulèvements entre l'Algérie et le Maroc. Durant ces conflits, les couples formés de citoyens des deux pays devaient souvent taire leur statut matrimonial aux autorités qui pouvaient aller jusqu'à séparer des familles pour des raisons purement politiques.

C'est dans ce contexte que je suis venue au monde, le 16 janvier 1956. L'année précédente, maman avait participé à un grand bal caritatif et avait eu le coup de foudre pour mon père, Heinz Henkel, un beau militaire allemand qui s'était engagé dans la Légion étrangère et qui travaillait à la protection du Maroc, encore sous la domination de la France.

Maman n'était pas une femme frivole. Je pense qu'elle ne serait jamais tombée amoureuse de mon père si elle ne s'était pas vraiment sentie libre de le faire. Quelque temps avant la rencontre de son beau légionnaire, maman avait surpris son sportif de mari au lit, à la maison, avec sa meilleure amie. Il s'agissait là d'une faute impardonnable, d'une très grave erreur de la part de celui qu'elle allait renier comme mari à tout jamais. Il a eu beau hurler ses regrets et demander 1000 fois pardon, et malgré son insistance et ses promesses de revenir dans le droit chemin, jamais elle n'a accepté de reprendre cet homme et de lui laisser une place dans sa vie.

Une fois le choc et la douleur encaissés, elle a pu envisager un autre amour avec Heinz Henkel. Très vite, leur relation est devenue sérieuse et sincère. Quand maman a appris à celui-ci qu'elle était enceinte, l'une des premières choses auxquelles il a pensé a été de régulariser leur situation conjugale. Il rayonnait de bonheur et semblait très enthousiaste à l'idée de fonder une famille. Seule petite ombre au tableau : il était dans l'obligation de retourner en Allemagne pour obtenir les papiers nécessaires à cette union. Le couple était on ne peut plus atypique, surtout à cette époque : une Juive et un Allemand, imaginez ! Le parcours de mon père ne l'était pas moins, puisqu'il était entré dans les rangs de l'armée française après s'être élevé contre le nazisme.

Il est donc parti pour son pays quelques mois avant ma naissance. Avant son départ, maman avait pris soin de lui faire signer une reconnaissance officielle de paternité de l'enfant à naître. Compte tenu des positions qu'il avait prises, il savait que ce voyage comportait un certain nombre de risques… Il n'est jamais revenu.

Voyant qu'elle se retrouvait seule avec un bébé sur les bras, Abdelkader Ayouni, son mari, a tenté de revenir dans la vie de maman. Il a tout fait pour l'amadouer, lui promettant même de s'occuper de ce nouvel enfant — moi — comme si c'était le sien. Toutes ses promesses et ses supplications ont été vaines. Pour ma mère, il n'en était pas question.

Trop petite pour souffrir de l'étrange disparition de mon père et littéralement baignée par tout l'amour et la tendresse dont maman faisait preuve à mon égard, je ne me suis retrouvée que quelques années plus tard aux prises avec les premières manifestations d'une véritable crise identitaire. J'étais devenue suffisamment grande pour réaliser que je m'appelais Henkel. Pourquoi Henkel ? Un long questionnement et de multiples démarches ont commencé pour tenter de découvrir ce qu'il était advenu de mon père. Cette quête se poursuit toujours. J'y reviendrai.

J'ai donc passé les premières années de ma vie dans le faste de la haute bourgeoisie d'Oujda. Belles voitures, chauffeur, robes de princesse… J'avais l'impression de vivre dans une sorte de fête perpétuelle.

J'y ai grandi en français, mon oreille s'habituant aussi à l'arabe et à l'espagnol, également très utilisés tant au Maroc qu'en Algérie. Ma mère a préféré me doter de cette langue principale, la sienne, ce qui m'éviterait selon son analyse, au demeurant fort juste, bien des complications. Il n'est pas difficile de comprendre que d'être d'ascendance juive était à cette époque, au Maroc comme ailleurs, considéré comme une véritable tare. Maman allait s'assurer, tout au long de ma jeunesse, de m'en éviter les affres en choisissant par exemple de me faire baptiser dans la plus pure tradition catholique et de me donner le nom de mon père disparu.

Malgré l'absence de mon père, j'avais une enfance heureuse. Maman était là, c'est tout ce qui comptait. Mon frère, quant à lui, n'était pas très présent à mes yeux. Un trop grand écart d'âge nous séparait.

Lili m'inondait d'amour. Elle prenait soin de moi, coiffait sans cesse mes longs cheveux qu'elle adorait réunir en une épaisse tresse. Malheureusement, j'ai perdu cette chevelure un jour, gracieuseté de ma tante Mercedes.

Les deux sœurs entretenaient une relation houleuse. Maman avait prêté une forte somme d'argent à ma tante, qui n'avait pas eu la délicatesse de la lui rendre. Tante Mercedes était profondément jalouse de la réussite de ma mère, alors que, selon elle, maman aurait dû demeurer dans le rang peu enviable qu'on lui avait assigné durant l'enfance. Un jour, donc, ma tante a dit à ma mère :

— Envoie-moi Danièle à la maison. Elle pourra jouer un peu avec ses cousins.

Elle voulait probablement me donner une leçon d'humilité, moi qui côtoyais l'élite de façon régulière. Maman, bien que surprise par cette générosité soudaine, a tout de même accepté l'invitation. Arrivée chez Mercedes, j'ai joué un peu avec mes cousins et cousines, jusqu'à ce que ma tante me demande de venir m'asseoir devant une coiffeuse. C'est alors qu'elle m'a dit :

— Qu'est-ce que c'est que cette idée de ta mère de te faire pousser les cheveux aussi longs. C'est d'un ridicule !

Elle a saisi ma natte d'une main et l'a coupée d'un grand coup de ciseaux. Elle me l'a tendue d'un air satisfait :

— Tu remettras ça à ta mère et tu lui diras que c'est bien mieux comme ça.

Je venais de vivre ma première souffrance, mon premier contact avec la méchanceté. Quand je suis revenue à la maison, ma tresse à la main, maman s'est mise à pleurer de rage. Elle a gardé cette longue mèche de cheveux pendant une décennie, pour ne pas oublier ce que sa sœur avait fait.

Hormis cette petite épreuve qui m'a tout de même marquée suffisamment pour que, 50 ans plus tard, j'en aie encore un souvenir précis, j'ai vécu mon enfance dans l'insouciance. Plus nous approchions de 1963, l'année de mes 7 ans — pendant laquelle a éclaté ce qu'on a appelé la guerre des Sables —, un conflit territorial qui a opposé une fois de plus le Maroc et l'Algérie, plus maman subissait les contrecoups d'une instabilité politique qui devenait très préoccupante. Qu'à cela ne tienne, elle accueillait et continuait de cacher des gens au sous-sol de notre maison. Quelquefois, ils débarquaient chez nous avec tous leurs enfants. Maman les hébergeait et les protégeait pendant des semaines. Pour moi, ces moments-là n'étaient que prétextes à une fête de plus. Pourtant, maman devait parfois mentir effrontément, et à ses risques et périls, aux supposés justiciers qui se présentaient à la maison en cherchant les traîtres à la patrie.

— Non, disait-elle. Je ne connais pas ces gens. Je ne les ai jamais vus. Je ne cache personne. Vous n'avez aucun mandat pour entrer chez moi.

Elle avait un cran et un courage qui me donnent encore des frissons dans le dos. Ces situations n'étaient que des détails à côté de ce qui se tramait. Je ne me doutais en rien du grand coup que la fatalité allait asséner à ma mère. Alors que le climat politique devenait de plus en plus défavorable aux affaires de maman, elle a eu à affronter un drame personnel absolument déchirant.

Abdelkader Ayouni ne cessait de harceler ma mère et de la supplier de le reprendre. Un jour, elle l'a chassé définitivement, sans autre forme de procès. C'est alors qu'un honteux chantage a commencé. Voyant qu'il ne parviendrait pas à ses fins en faisant de belles promesses, il l'a menacée de prendre mon frère avec lui puisqu'il était son père adoptif. Il aurait eu le droit de le faire, même si Norredine était majeur. Selon les us et coutumes, c'est le père qui a le dernier mot.

Maman, qui me tenait à l'écart de cette situation, ne l'a d'abord pas cru. Elle ne pouvait pas imaginer qu'il irait jusqu'à la priver de son fils. Il bluffait, pensait-elle. Quand elle a compris qu'il était sérieux et qu'elle a entrevu son jeu, elle a préféré jouer cartes sur table en lui demandant ce qu'il voulait au juste.

La réponse a été claire et précise :

— Ou je prends Norredine avec moi, ou tu me donnes tout ce que tu as.

Il tentait une ultime tactique. Il le savait. Jamais ma mère ne se serait séparée de son fils. Issue d'une famille dysfonctionnelle, elle aurait trouvé trop lourd de porter la douleur et la culpabilité de reproduire un monde de souffrance pour son fils. De toute façon, personne ne la séparerait d'aucune manière de l'un de ses enfants. Une négociation, triste et cynique, commença.

Elle lui a proposé le commerce, mais cela ne lui suffisait pas. Il voulait tout ce qu'elle avait, tous ses biens, tout ! Par cette surenchère, il espérait qu'elle baisserait sa garde et qu'elle se résoudrait à le reprendre dans sa vie. C'était mal connaître maman. Elle a refusé et est restée sur ses positions. Au terme de ces négociations, de ce drame immonde, il ne lui restait plus que ses deux enfants et une petite robe sur le dos.

Venue de nulle part, elle s'était bâti seule une vie extraordinaire. Une existence enivrante qui lui permettait de profiter un peu de tout en faisant le bien autour d'elle, en partageant sans compter sa bonté, sa générosité et sa joie de vivre. Elle venait de tout perdre. Les fruits de son travail, de son courage et de sa persévérance venaient de s'envoler en fumée. Nous avons quitté Oujda sur-le-champ, à tout jamais.

Malgré la peine, la colère, la détresse et la misère, jamais elle n'a renié complètement cet homme. Il a été son seul et unique mari. Maman était restée très liée à son ex-belle-famille, à qui elle continuait de donner des nouvelles. Quant à lui, quatre années lui ont suffi pour dilapider la petite fortune que ma mère lui avait laissée. Pendant les 20 années suivantes, il a cherché à revenir auprès d'elle. Il n'a jamais eu d'autre femme dans sa vie. Quelquefois, il venait me voir et me parlait de sa tristesse, de ses erreurs, de ses regrets. C'est d'ailleurs lui qui m'a raconté ce qui s'était passé avec ma mère. Jamais maman n'a voulu parler de ça. Ce n'était pas dans sa nature. Jamais elle ne l'a repris, mais jamais elle n'a coupé les ponts complètement. Il est mort dans les bras de mon demi-frère Norredine, son fils adoptif.

Il a aussi été le dernier homme qui a partagé la vie de maman. À partir de 1964, mon frère avait atteint l'âge adulte et c'est à moi, puis à mes enfants, qu'elle a consacré le reste de sa vie. Ainsi était Eliane, Lili, ma mère. Droite, entière et courageuse. J'allais assimiler ces valeurs à la dure, et nous serions soudées à jamais, dans une sorte d'osmose inaltérable.

Rabat : l'adolescence

~

Je ne puis admirer pleinement le courage de celui qui méprise la vie.
André Gide

Je n'ai que peu de souvenirs de cette journée-là et de notre voyage de plusieurs centaines de kilomètres vers le sud-ouest. Nous sommes partis en train pour Rabat, où ma mère allait trouver refuge temporairement chez des amis. Ce trajet est cependant resté à jamais gravé dans ma mémoire. Prendre le train à cette époque, au Maroc, pour une petite fille de sept ans, était déjà une véritable aventure. Ce départ qui avait toutes les allures d'une fuite et cette tristesse que ma mère tentait de dissimuler m'avaient fait comprendre, malgré mon jeune âge, que ce n'était pas vraiment un voyage d'agrément.

Ce que je me rappelle toutefois, c'est le choc dramatique et incompréhensible, pour l'enfant que j'étais, de passer de l'aisance à l'indigence en si peu de temps. À Oujda, j'avais à peu près tout ce que je voulais. Si maman décidait de me l'accorder, bien sûr, car elle a toujours veillé à ce que je comprenne bien mon statut quelque peu privilégié et les conditions exceptionnelles dans lesquelles nous vivions. Si elle m'a toujours enseigné le travail, la rigueur et la persévérance, elle m'a aussi appris à savourer et à apprécier les avantages d'une situation dont elle évoquait aussi la fragilité. Elle m'a appris à ne jamais oublier d'où nous venions.

En moins de temps qu'il ne faut pour le dire, nous nous sommes retrouvés tous les trois, maman, Norredine et moi, dans une petite pièce, chez des gens que je ne connaissais pas, à attendre qu'il se passe quelque chose. J'ai sûrement été marquée par ce brusque changement de vie que je ne comprenais pas. Mais à sept ans, on se contente de vivre ses émotions sans tentative d'analyse ou de rationalisation. C'est comme ça!

Tout au plus, ce dont je me souviens, c'est que ma mère était devenue plus renfermée. Non, pas renfermée, ce terme ne convient pas. Disons qu'elle était devenue plus «intérieure». Elle ne parlait de rien de ce qui s'était passé et gardait sa bonne humeur. Elle s'efforçait à chaque instant de nous rassurer en nous expliquant, avec toute la tendresse qui la caractérisait, que ce qui nous arrivait n'était pas grave. Comment pouvait-elle vivre avec ce drame, seule, sans le partager et en nous préservant ainsi?

Nous nous sommes installés à Rabat, capitale du Maroc, ville jumelle de Salé et située en face, sur l'autre rive du fleuve Bou Regreg. C'est une ville portuaire de l'Atlantique, située non loin de Casablanca, ville plus importante et probablement plus connue grâce au chef-d'œuvre cinématographique du même nom, avec Ingrid Bergman et Humphrey Bogart. Rabat reste une grande destination touristique, une ville magnifique qui comporte de nombreux sites faisant partie du patrimoine mondial de l'Unesco.

Dès notre arrivée, ma mère a évidemment dû m'inscrire à l'école. Elle est allée voir un prêtre catholique et a demandé que je continue à être éduquée dans les principes de cette religion.

Elle a expliqué au père Patrice, qui allait devenir un mentor pour moi, ses origines, sa situation matrimoniale et le drame qui s'était produit dans notre vie. Tout de suite, il m'a prise sous son aile. Le père Patrice était la représentation vivante de l'image que je me faisais d'un saint. Il dormait à même le sol et se donnait corps et âme aux enfants qui étaient sous sa responsabilité. Il aidait les défavorisés, organisait des colonies de vacances pour les enfants des familles les plus démunies, ainsi que toutes sortes d'activités de loisirs. Très vite, j'ai commencé à l'aider dans ses tâches. J'avais pris l'initiative de passer la quête lors de la messe du dimanche et de réaliser de menus travaux afin de le soulager un peu dans ses activités quotidiennes. Il est devenu en très peu de temps une sorte de père spirituel pour moi. C'était le père que je n'avais pas. Une présence masculine réconfortante et très inspirante. Le jour de ma première communion, il m'a offert une petite boîte joliment décorée, munie de deux panneaux amovibles et d'une petite poignée. À l'intérieur de la boîte se trouvait une Vierge. Il m'a fait promettre de ne jamais m'en séparer. Cinquante ans plus tard, cette petite Vierge est toujours à mes côtés et je prie très régulièrement en m'adressant à elle.

Une vie nouvelle a commencé. Le hasard aidant, mais aussi le courage, l'ingéniosité et probablement l'instinct de survie, maman a trouvé assez rapidement les sommes nécessaires pour se relancer en affaires avec un monsieur nommé Elbaz, qui possédait un petit commerce de pièces automobiles sur le boulevard Joffre. Nous habitions au-dessus du commerce situé sur une rue très animée dont les arcades abritaient divers magasins. Comment s'est-elle retrouvée dans pareille aventure avec un homme qu'elle ne connaissait pas ? Encore aujourd'hui je n'en sais rien. Tout ce que je sais est que moins d'un an a suffi pour que maman puisse nous redonner le train de vie que nous avions connu auparavant. Elle travaillait au comptoir de l'entreprise qui, ma foi, devenait de plus en plus florissante.

Elle avait recommencé à user de son talent de relationniste pour faire du commerce un établissement important de Rabat. Toujours soucieuse de venir en aide aux plus démunis, elle organisait toutes sortes d'activités, et son implication dans de nombreuses œuvres caritatives lui permettait de rencontrer l'élite locale, les autorités policières, ainsi que les membres de la fonction publique ou de la classe politique. Cette notoriété était plutôt favorable au développement de ses affaires, pour le plus grand plaisir de son partenaire, M. Elbaz, que j'apprenais à connaître.

C'est à cette époque que maman a modifié son comportement à mon égard. Son fils étant de moins en moins présent, elle jetait plus que jamais son dévolu sur moi. Elle se montrait plus exigeante, plus sévère. Comme si elle avait décidé de m'armer pour le futur. Elle m'aimait et me manifestait une infinie tendresse, mais, comme mon caractère bouillant et impétueux s'affirmait jour après jour, il lui arrivait de plus en plus souvent de me punir pour me remettre à ma place et m'enseigner le respect de l'autorité.

À ses yeux, je n'étais plus une enfant, mais bien une adulte en devenir. Avec le recul, je crois qu'elle avait retenu de ses épreuves qu'il fallait être sérieusement équipé pour affronter les vicissitudes de la vie. C'était son rôle de mère de m'y préparer.

À Oujda, j'étais entourée d'adultes. J'avais bien quelques amis, mais, au fond, je faisais partie d'un tourbillon continuellement alimenté par maman. Désormais, à Rabat, je devais m'habituer à une nouvelle vie qui n'était toujours pas celle d'une enfant.

Maman me demandait d'ouvrir le magasin le matin et de participer assidûment aux tâches ménagères. Je n'irais pas jusqu'à dire que j'étais laissée à moi-même, mais j'étais certainement en déséquilibre par rapport à ce qu'aurait dû être la vie normale d'une enfant à cette époque, entourée de frères et sœurs, et d'un père qui rentre du travail pendant que la mère vaque aux tâches ménagères.

Un jour, alors que j'étais assise dans l'escalier extérieur du magasin, en train de parler avec un employé en pause, l'un de ses amis est passé avec une petite chèvre. Elle était irrésistible. La prenant dans mes bras, je me suis précipitée à l'intérieur pour la montrer à ma mère.

— Maman, je la veux, je la veux!

La réponse de ma mère a été immédiate et sans équivoque:

— Pose cet animal, tu sais bien que c'est impossible. On n'est pas à la campagne, ma fille.

Je ne l'écoutais pas, je ne l'entendais pas. Je suis très vite ressortie pour supplier le monsieur de me la laisser. Même s'il était surpris, il n'avait pas perdu le sens des affaires et m'a demandé l'équivalent de 20 dollars pour la chèvre. Maman, qui m'avait rejointe, a refusé, évidemment. Ce nouveau refus n'a fait qu'attiser mon envie de garder le petit animal et, n'écoutant que mon cœur, je me suis sauvée avec la chèvre au fin fond de la cour arrière du magasin.

Pour la première fois de ma jeune vie, je venais de contester une décision de ma mère. Elle venait aussi de prendre conscience que, du haut de mes sept ans, j'étais capable d'un entêtement à toute épreuve.

Cette petite chèvre, que j'avais déjà baptisée Biquette, me semblait tombée du ciel! Si elle apparaissait un peu comme une poupée, mon sentiment allait bien au-delà… N'ayant jamais été considérée ni traitée comme une petite fille, ce n'était pas vraiment un substitut de poupée dont j'avais envie. Je ressentais plutôt l'immense besoin de posséder quelque chose qui serait véritablement à moi, quelque chose de vivant. Un petit animal dont je prendrais soin, qui écouterait mes secrets, qui m'aimerait. Non pas que maman ne me donnait pas cette écoute et cet amour, mais elle était entourée d'adultes. Mon univers se limitait à une ou deux amies à l'école et au chauffeur qui me ramenait à la maison, où je me retrouvais avec des gens qui avaient des préoccupations et des discussions qui n'étaient pas les miennes. Malgré tout le monde qui m'entourait, malgré tout cet amour, je me sentais parfois seule et isolée.

Ma petite chèvre était aussi vive et intelligente que le plus fidèle des chiens. J'ai finalement réussi à convaincre maman de laisser entrer Biquette dans l'appartement. Elle mangeait à côté de moi et vivait dans la maison, au grand dam de ma mère et de notre bonne qui subissait toutes les conséquences que vous imaginez lorsqu'un animal auquel on ne peut apprendre la propreté vit dans un appartement. Maman me faisait souvent nettoyer les dégâts, afin que je comprenne les conséquences de mes gestes et peut-être aussi afin de me décourager de garder la chèvre. C'était peine perdue.

Le matin, lorsque je partais à l'école, mon « amie » m'accompagnait. Elle descendait l'escalier avec moi, s'asseyait sur le palier et me regardait m'éloigner. Dans la journée, elle était attachée dans la cour. Il lui est arrivé à plusieurs reprises de ronger suffisamment la corde pour la rompre et se libérer afin de venir m'attendre sur le trottoir alors qu'elle sentait qu'il était l'heure que je rentre.

Plus de deux ans se sont ainsi écoulés, et une incroyable complicité s'était développée entre Biquette et moi. Bien que m'efforçant de dissimuler ou de réparer les dégâts qu'elle causait de plus en plus fréquemment dans la maison, je vivais ce qui à mes yeux de petite fille ressemblait au paradis.

J'ignorais qu'un complot se tramait dans mon dos.

Mes journées se répartissaient entre l'école, l'église, le commerce et la maison. À cette routine hebdomadaire s'ajoutait le hammam que ma mère m'avait appris, dès mon plus jeune âge, à fréquenter avec elle le dimanche. Il s'agit de bains de vapeur publics. D'abord institués selon les préceptes de la religion musulmane qui préconisent une hygiène méticuleuse et des ablutions régulières, les hammams tiennent à la fois de l'événement dominical et du phénomène social. Ils sont ouverts à toutes les classes de la société qui dans ces circonstances sont toutes égales, et on en trouve du Maghreb au Moyen-Orient. Les hammams sont aussi des lieux de prédilection très fréquentés par ce que l'on appelle les «marieuses». Il s'agit de femmes engagées par des familles pour prospecter et trouver en ces lieux privilégiés des perles rares qui satisferont les jeunes hommes pressés de fonder une famille.

Les hammams, qui s'apparentent aux bains maures espagnols ou turcs, se composent de différents espaces qui nous permettent, par un habile contrôle de la vapeur, de passer d'une température ambiante à une température beaucoup plus élevée, et vice-versa. Une alternance savamment dosée qui permet un nettoyage en profondeur, mais aussi la relaxation des muscles tout en nous mettant dans des conditions idéales pour un sommeil profond et réparateur. On peut aussi recevoir, dans les hammams, différents soins du corps, prodigués par des professionnels, et des massages redoutablement bénéfiques.

La fréquentation des hammams est l'une des expériences fondamentales de ma vie. Je suis certaine que cela a un lien direct avec ma vision de la santé et du bien-être, et de mes engagements actuels. Toutefois, à cette époque, je ne faisais aucun lien conscient entre cette pratique et ma vie future. Je ne rêvais pas d'en ouvrir un ou d'y travailler, par exemple. Pour moi, c'était avant tout une occasion d'être avec maman, de partager et de savourer des instants de bien-être avec elle.

Un jour, ma mère m'a surprise en demandant à Fatima de m'emmener au bain, en ajoutant qu'elle nous y retrouverait peut-être plus tard. J'y allais quelquefois seule avec la bonne, mais, comme maman n'était pas censée travailler ce jour-là, elle n'avait pas vraiment de raison de ne pas venir avec nous.

J'avais une sorte de mauvais pressentiment. Je lui ai dit :

— Maman, je n'ai pas vraiment envie d'y aller sans toi. Je veux que tu viennes.

— Va. Ne fais pas ta petite fille. J'ai quelque chose à terminer au garage et je vous rejoins.

Je me suis rendue au hammam à contrecœur. Pendant que je me déshabillais, j'ai été prise d'une angoisse terrible, que je ne comprenais ni ne déchiffrais. Alors que Fatima était déjà en train de me laver les cheveux, je ressentais des ondes inhabituelles. Bien que tout à fait normal, je percevais dans son comportement des signes qui ne faisaient qu'attiser mes angoisses. Parvenant à croiser son regard, je lui ai demandé :

— Pourquoi je suis ici et pas maman ?

— Je ne sais pas, m'a-t-elle répondu. Laisse-moi te laver.

Pas une seconde je n'ai cru à son « je ne sais pas » ni à ce regard furtif qui me semblait manquer de naturel et de spontanéité.

Animée par une intuition que je ne maîtrisais pas, je suis retournée m'habiller à toute vitesse. Elle courait derrière moi, toute nue dans l'établissement ! Je me suis sauvée. Il fallait que je rentre au plus vite à notre maison où, j'en étais certaine, il se passait quelque chose de dramatique. Il devait bien y avoir trois kilomètres à faire. Je les ai parcourus à une vitesse record, les larmes aux yeux. Une fois rendue chez moi, j'ai gravi trois par trois les marches menant à l'appartement. J'étais bleue d'essoufflement. Quand j'ai ouvert la porte et que je suis entrée dans la cuisine, c'était l'horreur ! Ma chèvre était en train d'être dépecée sur la table.

J'avais 9 ans. Mon petit monde venait de s'écrouler.

Le hasard, ou plutôt le pressentiment, a voulu que j'arrive juste au moment où, animée par un sentiment très protecteur, ma mère m'enlevait ce que j'avais de plus précieux. C'était un geste de bon sens. Ma petite compagne causait beaucoup de problèmes et de dégâts.

Pour éviter de me faire trop de peine, maman avait essayé de me cacher son intention et de dissimuler son geste. J'imagine que, si son plan avait fonctionné, elle aurait pu me dire que ma chèvre s'était fait happer par une voiture ou tout simplement qu'elle s'était sauvée. Cela aurait été un demi-mal. Il fallait vraiment se débarrasser de cet animal qui, devenu adulte, saccageait la maison. Pourtant, cette séparation avec Biquette n'était pas envisageable pour moi. Maman le savait et, en voulant me protéger de cette épreuve sans succès, elle m'avait détruite.

Est-ce que j'en ai voulu à maman ? Bien sûr que oui. Comme une enfant qui manque encore de discernement, j'avais beaucoup de difficulté à faire la part des choses et à accepter que l'on ait pu me porter un geste si douloureux… pour mon bien. J'ai moi-même été maman à mon tour et je suis persuadée que certaines décisions prises dans l'intérêt de mes enfants ont pu les troubler, les choquer ou même les peiner. Pressée par le besoin d'intervenir et d'agir rapidement, je n'ai probablement, dans certains cas, pas pris le temps et la distance nécessaires pour tenter de mieux en expliquer les raisons, de convaincre mes enfants et, en tout cas, d'y mettre un peu plus les formes.

Paradoxalement, cet épisode dramatique nous a beaucoup rapprochées, maman et moi. Il a eu le mérite de nous révéler à quel point nous étions en symbiose. Nous vivions en quelque sorte en osmose. Maman a pris également conscience, à ce moment-là, que j'étais dotée d'une hypersensibilité quelque peu hors normes et de facultés intuitives très importantes. J'avais la capacité de percevoir et de deviner les intentions des personnes — surtout malveillantes —, et je ressentais intensément les choses, particulièrement en situation de danger ou de détresse.

Je n'ai pratiquement pas mangé pendant 15 jours. J'ai perdu plusieurs kilos. Je n'ai pas ingurgité de viande pendant un an. Maman ne s'était jamais doutée que j'aurais une telle réaction. Jamais elle n'aurait pu imaginer que je devinerais son plan et que je reviendrais aussi précipitamment du hammam. Une enfant de 9 ans ne fait pas ça. Quand je me suis mise à courir vers la maison, je ne savais pas ce qui s'y passait exactement. Pas une minute je n'ai fait un lien direct avec ce qui se tramait. Toute ma réaction était articulée autour de ce que je ressentais et de certains signes que j'avais perçus : une certaine nervosité de ma mère, quelque chose dans le ton de sa voix quand je suis partie, les yeux de Fatima au hammam. Tout cela était très révélateur. Ce jour-là, j'en ai appris beaucoup sur moi-même et sur ce que j'allais devenir. J'avais très fortement pressenti un danger. Je venais de comprendre que le cerveau est beaucoup plus puissant et complexe qu'on pourrait le croire.

Encore aujourd'hui, que ce soit à titre personnel ou professionnel, il m'arrive, lorsque je suis en entretien privé ou même devant un auditoire de plusieurs centaines de personnes, de ressentir intensément les émotions des autres. Je ne me trompe que très rarement sur la sincérité de mes interlocuteurs ou sur leurs intentions réelles, qu'elles soient bonnes ou un peu moins bonnes. J'en tiens toujours compte, en me méfiant, bien sûr, de mes propres interprétations.

Peut-être que certains psychologues considéreront cet événement comme une simple peur de l'abandon. D'où cette course effrénée vers la maison. L'instinct de survie, en quelque sorte. Je n'en suis pas certaine, car ces mêmes pulsions et ces pressentiments m'habitent toujours, en particulier dans des situations de danger imminent, tant pour moi que pour mes proches.

Après cet épisode troublant, le rythme des choses a changé. J'étais devenue plus espiègle. Maman recevait souvent. Tout en restant à ma place, j'éprouvais beaucoup de plaisir à amuser et à divertir ses nombreux invités. Le réfrigérateur regorgeait de nourriture. Des gigots, des kebabs et toutes sortes de bonnes choses. Je me souviens du fameux poulet de maman. Elle le désossait complètement, puis le remodelait parfaitement en le remplissant d'une délicieuse farce. Un travail qui lui demandait trois ou quatre heures. Un vrai délice ! Elle tenait cette recette de ma grand-mère et l'avait apprise à Fatima. Moi, je profitais de ces repas incroyables pour nourrir tous les chats qui traînaient autour de la maison. Maman ne me trouvait pas drôle !

Maman s'était recomposé un univers social peuplé de gens influents. C'était sa force, mais aussi une manière d'assurer un peu notre sécurité. Parallèlement, elle avait pris conscience que sa fillette de 10 ans avait des capacités et des aptitudes proches de celles d'une jeune femme. Elle n'en a mis que plus d'ardeur à parfaire mon éducation et à m'enseigner la vie. Elle m'a montré à laver seule mes culottes, même si l'évier était beaucoup trop haut pour moi. À faire les planchers alors que nous avions une femme de ménage. Mais elle m'a également appris le respect, l'attachement à certaines valeurs, la protection de l'environnement. Elle m'a appris à accepter et à aider les autres, elle m'a enseigné la vigilance et l'écoute, elle a éveillé en moi toutes sortes de comportements qui sont encore à mes yeux l'image même de la fierté et les meilleurs atouts pour une vie réussie.

Autant ces valeurs sont devenues miennes, autant ce comportement maternel était lourd à porter pour une fillette de 10 ans. Je n'avais pas beaucoup d'amis, je ne sortais pas ou alors très peu. Jeux et amusements ne faisaient pas partie de mon quotidien. « Maman, est-ce que ça va ? Maman, as-tu besoin de quelque chose ? Maman, veux-tu que je fasse les vitres des fenêtres de la cuisine ? » Telles étaient mes préoccupations quand je n'allais pas ouvrir seule le garage et servir les premiers clients. Elle voulait me faire participer, partager avec moi sa réalité, ses envies, ses émotions et ses craintes. Elle disait que j'étais son petit porte-bonheur. Ça me plaisait.

Jusqu'à mon adolescence, la vie s'est déroulée ainsi. Sauf peut-être pour ce qui est de la période où maman avait décidé de m'envoyer en pensionnat dans une très bonne école dirigée par des religieuses, le lycée Lalla Aïcha, du nom de la fille du roi. Nous nous sommes tellement ennuyées l'une de l'autre que cela est très vite devenu invivable pour toutes les deux. Je suis revenue à la maison. Nous ne pouvions pas être séparées.

Notre quotidien était souvent ponctué des visites de l'ex-mari de maman. Elle le recevait poliment, comme le père adoptif de son fils. Ces visites ne me perturbaient pas vraiment. Je n'avais jamais vraiment eu de lien affectif avec cet homme.

Quand j'ai été en âge de pouvoir poser ce genre de questions, j'ai demandé à ma mère pourquoi elle était toujours aussi gentille avec un homme qui lui avait fait tant de mal et qui avait bouleversé sa vie. Elle m'a répondu :

— Un jour, tu comprendras. Ne te préoccupe pas de ça. Je t'aime, j'ai tout perdu, mais je t'ai. Le plus beau cadeau de ma vie, c'est toi.

Cette réponse me suffisait amplement. Je vivais ma vie. Je faisais de la danse classique, du sport, de la gymnastique que j'adorais. J'avais besoin de bouger et j'avais une attitude et une morphologie d'athlète. J'étais grande pour mon âge, élancée. J'avais des cheveux châtain clair tout frisés. Je me sentais parfaitement à l'aise dans mon corps de jeune fille.

J'oscillais encore entre enfance et adolescence. Et comme la vie est parfois cruelle, c'est un quiproquo me couvrant de ridicule qui m'a fait passer de l'une à l'autre définitivement, sans que je le veuille. J'ai en effet appris dans la cour de ma nouvelle école, le lycée Jeanne-d'Arc, que les enfants ne naissaient pas dans les choux. Alors qu'une de mes amies de récréation me racontait que sa mère venait d'avoir un bébé, je lui ai demandé le plus sérieusement du monde à quel moment la cigogne était passée. Tout le monde autour de moi s'est mis à rire.

— De quoi parles-tu ? m'a dit mon amie.

Et moi de lui expliquer comment s'y prend ce grand volatile pour faire entrer les bébés dans les maisons. Je devais avoir 12 ans. Je n'ai jamais eu aussi honte de ma vie. Elles se sont moquées de moi :

— Tu ne sais pas ce qu'est faire l'amour ? Tu ne sais pas que ton papa a fait l'amour avec ta mère pour t'avoir ? Mais c'est impossible !

C'en était fini de l'innocence. Rentrée à la maison, je me suis enfermée dans ma chambre. J'ai été malade, j'ai fait de la fièvre. J'en voulais immensément à ma mère de m'avoir tenue dans cette ignorance qui avait fait de moi la risée de l'école. Je ne voulais pas qu'elle s'approche de moi ni qu'elle me touche. À trop vouloir me protéger, elle me rendait la vie impossible.

Non seulement je venais d'apprendre brutalement comment l'humain se reproduisait, mais le mot «papa», qu'on ne prononçait jamais à la maison, a commencé à résonner bizarrement dans ma tête. Un peu comme si je venais de prendre conscience que, finalement, mon père n'était pas un pur esprit, qu'il était un être tangible, présentant certaines faiblesses. Jusque-là, je le considérais comme un ange. J'avais une photo de lui, en uniforme militaire, que je regardais souvent le soir avant de m'endormir. Maman m'avait toujours dit que c'était un homme extraordinaire, gentil, affectueux. Je m'accrochais à ça.

Je voulais en savoir plus sur la subite disparition de celui qui m'avait conçue. Ma mère m'a épaulée et discrètement encouragée. Elle n'était pas très chaude à l'idée, mais ne me freinait pas dans ma démarche, car, au fond, elle aussi voulait savoir ce qui s'était passé. J'ai fait toutes sortes de recherches pendant plusieurs années. Je suis entrée en contact avec la Légion étrangère. Ça a été long et plein d'embûches, mais je m'y attendais. Souvent, les soldats qui s'enrôlent dans ce corps armé le font sous un faux nom. Était-ce le cas? Un jour, après de multiples démarches, on m'a finalement répondu qu'ils avaient retrouvé la trace d'un certain Willy Henkel dans leurs registres, mais qu'ils avaient le regret de me dire qu'il était porté disparu. Papa se prénommait Heinz, mais mon ardeur s'est évanouie momentanément. L'idée de savoir ce qui s'était passé m'a poursuivie. Avais-je été abandonnée? Mon père avait-il été tué pour je ne sais quelle raison ? Avait-il été victime d'un règlement de comptes, étant donné ses choix personnels ? Avait-il eu un accident ? Était-ce tout simplement un goujat qui avait abandonné ma mère enceinte à son triste sort ? Était-il tombé amoureux d'une autre femme, une fois rentré dans son pays ? Je n'ai toujours pas la réponse et il y a de fortes probabilités qu'il soit aujourd'hui décédé. Mais vous savez quoi ? Je ne sais plus vraiment si je veux connaître la vérité. Il y a une douzaine d'années, j'ai écrit à la mairie de la ville où mon père est censé être né. J'ai toujours entre les mains des documents qu'on m'a envoyés et qui me permettraient de faire une demande officielle d'identification. Je ne les ai toujours pas remplis.

Ces démarches douloureuses, sur le plan émotif, pour l'adolescente que je devenais étaient malgré tout très formatrices. Ma personnalité et mon caractère se forgeaient. J'apprenais à me battre, à me défendre, à trouver des solutions. Et puis, un jour, un autre drame s'est produit.

M. Elbaz, l'associé de maman au garage, était un homme gentil, mais l'abus d'alcool le transformait en personnage violent et dépressif. Au fil des ans, il était devenu amoureux de maman qui, elle, ne souhaitait toujours pas d'autre homme dans sa vie. Quelquefois, après le travail, il montait chez nous, sérieusement éméché, et frappait à la porte en réclamant ma mère. Nous, les femmes de la maison, savions que, dans ces situations, il ne fallait surtout pas ouvrir. Cela le mettait hors de lui. Il faisait suffisamment de vacarme pour que toute la rue l'entende. J'étais la seule à pouvoir parfois le calmer. Il repartait alors bredouille, en gémissant et vociférant. Malgré l'efficacité de certaines de mes interventions, la plupart du temps, nous devions appeler la police pour que cessent ces bruyantes incartades.

Un jour, alors que notre chauffeur Hassan m'attendait à la sortie de l'école, j'ai constaté en ouvrant la portière qu'il était blanc comme un drap.

— Qu'est-ce qui se passe, Hassan, tu ne vas pas bien ?

— *Lala Talrï fe* l'automobile. Mademoiselle, montez dans la voiture.

Remarquant son ton mal assuré, je me suis mise à trembler. Ça recommençait. Le même sentiment de panique intense que ce fameux jour où j'avais compris qu'il arrivait quelque chose à Biquette. J'ai supplié le chauffeur d'accélérer et de se rendre à toute vitesse à la maison. Je n'étais jamais autorisée à donner des instructions, sous peine de réprimande.

Arrivée au coin de ma rue, j'ai vu un dispositif de scène de crime installé devant le garage et une bonne dizaine d'inconnus qui s'affairaient autour de l'établissement. Je suis sortie en trombe de la voiture et me suis dirigée vers l'appartement. Maman n'y était pas. On m'a expliqué qu'il y avait eu un accident, que M. Elbaz était mort et que maman était au commissariat pour répondre à des questions.

L'inquiétude et l'angoisse m'ont envahie, et une course effrénée s'en est suivie jusqu'à un premier commissariat, un deuxième, puis un troisième. Pleurant et criant, j'ai couru pendant plus d'une heure à la recherche de maman. On ne voulait me laisser entrer nulle part. «Ta mère n'est pas ici», me disait-on avant de me renvoyer, jusqu'à ce qu'un policier qui semblait avoir un peu plus de compassion m'indique que maman se trouvait au commissariat central, mais que je ne pourrais pas la voir. Je m'y suis précipitée. J'ai attendu jusqu'à la tombée de la nuit devant ce bâtiment qui, tout à coup, me semblait aussi impressionnant que lugubre. Que faisaient-ils à maman ? J'avais si peur que j'en oubliais le froid et la faim qui me tiraillaient.

Personne n'a pris la peine de venir me renseigner ou me rassurer, mais j'étais fermement décidée à passer la nuit devant ce commissariat s'il le fallait.

Fous d'inquiétude, Fatima et Hassan avaient fait le tour de la ville pour me retrouver. Puis ils m'ont aperçue, en pleurs, devant le commissariat. Ils ont réussi, non sans mal, à me convaincre de rentrer sans maman et m'ont ramenée à la maison. Morte d'angoisse, je suis restée cloîtrée dans l'appartement. Et si maman ne revenait pas? Qu'allais-je devenir? Je ne voulais pas y penser. Je ne voulais pas y croire. Il fallait qu'elle revienne. Elle est rentrée le lendemain après-midi.

On l'avait interrogée en lui faisant subir des sévices corporels. On l'avait battue et on lui avait donné des électrochocs. Elle avait été torturée. On l'avait accusée, sans aucune preuve, du meurtre de son associé... qui s'était pendu.

Aucune de ses relations n'avait pu intervenir. Tout s'était passé très vite et secrètement. Quand je l'ai vue rentrer à la maison, ce matin-là, diminuée, haletante, tentant désespérément de se traîner jusqu'à son lit en pleurant silencieusement, une profonde rage s'est emparée de moi. Maman n'a jamais parlé de cette humiliation. Son comportement a dès lors totalement changé. On lui avait littéralement volé sa dignité. Ce n'est que plusieurs années plus tard que j'ai su ce qui s'était réellement passé à l'intérieur de ce commissariat.

Pourquoi avaient-ils torturé ma mère? Parce que des voisins avaient raconté à la police les incidents dont toute la rue avait été témoin? Parce que c'était son associé? Parce qu'elle était juive? Parce qu'elle réussissait dans un monde d'hommes et qu'elle fréquentait des gens de pouvoir? Je me posais 1000 questions. Je ne comprenais pas qu'on puisse être capable de tant de violence et de méchanceté envers une femme, une mère généreuse et responsable qui avait consacré sa vie à faire le bien autour d'elle. Qu'avait-elle fait de mal?

M. Elbaz s'était bel et bien suicidé. Cela a été prouvé par la suite, mais, en cherchant les causes de sa mort, on avait aussi tué maman. Jamais elle n'a retrouvé l'entrain, le dynamisme et la joie de vivre qui la caractérisaient si bien. Plus jamais elle n'a pris d'initiative importante. Elle n'était plus la Lili qu'on avait connue. Elle avait mis sa vie entre parenthèses, mais elle restait debout, malgré la douleur dans sa chair, son cœur et son âme.

Je me suis occupée d'elle, naturellement. Mon frère travaillait maintenant en Algérie et, sans prétendre que je prenais tout en charge, mes responsabilités ne cessaient de devenir plus importantes et lourdes à porter.

C'est à cette époque que j'ai commencé à me rebeller. Alors que je continuais à être calme et très posée à la maison, je me suis mise à me vêtir de pantalon pour aller à l'école et à adopter des attitudes de garçon. Je n'ai jamais fait partie d'une bande. Mais si on me cherchait, on me trouvait. Il ne fallait pas qu'on me regarde de travers. Je le sentais tout de suite et, comme si je n'avais eu aucune conscience réelle du danger, il m'est souvent arrivé de me retrouver en fâcheuse situation. Comme ce jour où je me suis disputée dans la cour d'école avec une jeune fille de ma classe particulièrement performante, à propos d'un examen de maths, matière que je ne chérissais pas. Notre altercation n'a pas été bien longue, car, complètement enragée, j'ai arraché la chaîne d'une bicyclette qui se trouvait à proximité et menacé la pauvre fille de cette arme improvisée et très dangereuse. Voyant que ça devenait vraiment grave, quelques élèves sont allées chercher des professeurs, ce qui a heureusement mis fin aux hostilités. L'espace d'un instant, j'avais complètement perdu, ou pris, le contrôle. C'est selon! Bizarrement, cette fille est devenue, un peu plus tard, ma meilleure amie.

Je n'étais pas asociale. Je ne cherchais pas les ennuis, mais je ne me laissais impressionner par personne. Je crois que j'avais compris l'importance de se défendre et de vaincre ses peurs pour survivre.

Maman, de son côté, ne pouvait plus rester sur les lieux du drame immonde qui s'y était joué. Les préparatifs du départ de Rabat ont commencé. Le garage vivotait, victime des événements dramatiques qui y étaient survenus. C'était le retour des difficultés financières. Malgré l'«acquittement» de maman, le regard des autres, leur doute et leur réprobation devenaient pesants. Elle ne voulait plus vivre dans ce climat intenable.

Il a fallu brader beaucoup de nos biens : des meubles, des bijoux en or et toutes sortes d'objets, que nous avons vendus à moitié prix. La décision était prise : nous irions retrouver mon frère. Comme il avait la nationalité algérienne, maman avait pu obtenir l'autorisation d'acheter, quelques années auparavant, un appartement à Oran. Mon frère en profitait joyeusement. Je connaissais l'endroit, car j'allais parfois y passer quelques jours durant les vacances.

Une nouvelle vie allait commencer. De quoi serait-elle faite ? Sans le savoir, j'ajoutais des couches de protection à ma carapace. Je me sentais comme à cheval sur une barrière. Allais-je basculer du bon ou du mauvais côté ? J'étais aigrie, sans père, sans le sou, déracinée une deuxième fois. Comment allais-je passer au travers ? J'ai beaucoup réfléchi à ce qu'a été ma vie par la suite et à la manière dont ces épreuves avaient contribué à façonner la femme que je suis devenue. Je n'ai pas trouvé réponse à tout, mais je suis convaincue que ces apprentissages ont été fondamentaux. Chose certaine, sans

l'amour inconditionnel que ma mère me portait, sans ce sentiment que j'ai toujours eu de veiller sur elle, de la protéger et de
la défendre, je n'aurais probablement pas basculé du bon côté
de cette fameuse barrière.

Oran : la vie familiale

~

Voyageur, il n'y a pas de chemin. Le chemin se fait en marchant.
Antonio Machado

Quelques années avant que survienne le drame de Rabat, les relations entre le Maroc et l'Algérie s'étaient encore dégradées, et il n'était pas rare que l'un des deux pays persécute les ressortissants de l'autre. Maman avait alors préféré que Norredine, qui était Algérien, quitte le Maroc. Il avait fini par aller en Algérie pour y étudier l'informatique et avait même été suivre plusieurs stages en France pour se perfectionner. Il travaillait désormais dans ce domaine et vivait dans l'appartement que maman avait acheté à Oran. Depuis sa plus tendre enfance, il vouait une véritable passion aux trains. Il arrondissait ses fins de mois en étant cheminot.

À l'époque où maman et moi nous apprêtions à nous installer avec lui à Oran, Norredine avait 27 ans. Il était grand et beau, avec des yeux en amande et une allure qui rappelait Omar Sharif. Il avait la chance d'occuper deux emplois dans un pays où le chômage était chronique. Il menait la grande vie. L'appartement familial, qui était assez luxueux, était devenu le théâtre de fêtes aussi colorées que bruyantes et mouvementées.

Au bout d'un certain temps, ces rassemblements ont commencé à poser problème, et maman et moi avons subi les conséquences du comportement de mon frère.

Au moment de quitter Rabat, nous avions projeté de vivre dans cet appartement. Mais voilà que nous apprenions que Norredine en avait été expulsé. On en avait assez, dans l'immeuble, des habitudes de mon frère, de la musique jusqu'au petit matin et du va-et-vient des filles. La dame du troisième étage, dont le père était juge, avait décidé un beau jour de forcer la porte et de prendre possession de l'appartement en l'absence de mon frère. C'était une pratique courante à l'époque.

Posséder un appartement dans un pays comme l'Algérie n'était pas simple. Dans cet État, le socialisme à parti unique, le Front de libération nationale (FLN), a régné à partir de 1963, sous les présidences de Ben Bella et de Boumediene entre autres, sur à peu près tout ce qui pouvait être contrôlé par l'État et nationalisé, y compris les logements. Si bien que, même si maman possédait bel et bien son espace à Oran, les murs ne lui appartenaient pas. Ils étaient la propriété de l'État. Comme les maisons appartenaient à l'État et qu'il y avait pénurie de logements, surtout de logements salubres, en quittant votre appartement pour quelques jours, vous couriez le risque d'y trouver des étrangers à votre retour.

Un autre combat a commencé. Mais, cette fois, j'étais aux côtés de maman, encore trop secouée par les événements passés pour pouvoir le mener seule. Nous nous sommes installées avec mon frère chez un cousin de son père, qui avait mis à notre disposition un tout petit logement dans un quartier pauvre de la ville. Nous allions y vivre deux ans, pendant toute la durée de cette nouvelle bataille pour tenter de récupérer notre appartement.

Ça a été peine perdue. Nous nous battions à forces plus qu'inégales contre plusieurs avocats, des gens influents qui étaient en relation avec les résidants de l'immeuble. Un jour, lors d'une rencontre de négociations avec ces gens, on a laissé sous-entendre que, si maman acceptait de me «prêter» à ces messieurs, ne serait-ce que quelques heures, les choses s'arrangeraient peut-être. Partout sur la planète, ces comportements immondes existent. C'est à ce moment que je l'ai appris. Nous avons cessé toute démarche. C'en a été fini de la quête de ce qui nous appartenait et que nous avions perdu en partie à cause de l'insouciance de mon frère. Il en a amèrement mesuré les conséquences.

La vie a repris son cours. Maman exploitait maintenant un service de traiteur grâce auquel elle avait pu faire des économies. Avec l'aide de mon frère devenu directeur du service informatique de la mairie d'Oran, elle avait acheté un beau et spacieux logement du quartier de la gare. Nous nous retrouvions enfin chez nous. Diminuée et affaiblie par tant d'épreuves, maman n'apparaissait plus comme le pilier de la famille. Elle conservait son droit de veto sur les décisions et nous continuions de lui vouer le plus grand respect, mais elle était moins aux commandes.

Mon frère, dont le statut professionnel ne cessait de s'améliorer, avait depuis abandonné son travail de cheminot pour se consacrer entièrement à l'informatique. S'étant assagi, il était devenu, par la force des choses, le chef de famille. En tout cas, il en jouait parfaitement le rôle et veillait assidûment à ce que je ne sorte pas du rang. Était-ce à la demande de maman, qui constatait que mon caractère bouillant et frondeur s'affirmait de plus en plus? J'avais 16 ans et j'entamais des études supérieures.

Dès mon arrivée à Oran, en quête d'une véritable démarche identitaire, j'ai entrepris de me battre une première fois en demandant à maman et à mon frère de me laisser me doter d'un passeport apatride. Ce qu'au fond j'étais fondamentalement. Née au Maroc, je m'appelais Henkel, mais je ne pouvais revendiquer la nationalité allemande. Ce pays ne l'accordait que lorsque l'enfant naissait de parents mariés. Je n'avais bénéficié que d'une reconnaissance de mon père qui me permettait de porter son nom. Ma mère était juive et marocaine ; mon frère, algérien ; et nous vivions dans un pays sans savoir si nous allions y rester.

Je n'ai pas compris tout de suite d'où m'était venue cette pulsion d'indépendance. Était-ce parce que j'entrevoyais instinctivement ce qu'allait être ma vie ? Était-ce par peur d'être à nouveau déracinée sans mon consentement ? Lorsque vous détenez un tel passeport, il est impossible de vous expulser du pays dans lequel vous vivez. J'y entrevoyais, en tout cas, suffisamment d'avantages pour me lancer dans une incroyable et très compliquée série de démarches administratives. Par sa nature même, le passeport apatride ne peut être délivré par aucun pays. Cette mission est confiée à l'Organisation des Nations unies. J'ai dû, finalement, plaider ma cause au bureau de l'ONU établi à Oran. Je savais que ce document n'était accordé que pour des raisons humanitaires ou dans des situations exceptionnelles. Et j'ai été capable de démontrer au jury de cette organisation que c'en était une. J'en étais très fière.

Aujourd'hui, je me rends compte que cette démarche m'a libérée de certaines souffrances. Je souhaitais au plus profond de moi en finir avec ces soi-disant appartenances qu'on voulait bien me donner ou me retirer sans cesse. Juive, Allemande,

Marocaine, Algérienne : j'étais maintenant une citoyenne universelle et libre.

Dans le quartier, on m'appelait le « cheval sauvage ». Avec ma crinière, je continuais d'afficher mon dynamisme et une détermination à toute épreuve, toujours disposée à remettre quelqu'un à sa place en moins de deux. Rien ni personne ne pouvait m'arrêter. J'avais appris le langage de la rue. Un jour, alors que j'étais au hammam avec maman, une dame a essayé de prendre nos places dans l'un des bains. Maman lui a dit :

— Attends un petit peu, nous partons bientôt.

Sa serviette enroulée autour du corps, la dame s'est mise à l'injurier copieusement. J'ai pris maman par les épaules pour l'inviter à se déplacer afin qu'elle me laisse le champ libre et j'ai agrippé l'insolente, déterminée à lui donner la correction de sa vie. J'étais enragée. Personne n'arrivait à nous séparer. J'avais nettement le dessus, et ça commençait à devenir dangereux pour elle. C'est alors que maman m'a attrapée par les cheveux et m'a flanquée une bonne gifle pour me sortir de ma transe. Ça a été la première et la dernière fois que maman a levé la main sur moi. Mais elle venait peut-être de m'éviter la prison à vie.

Lorsque je n'étais pas en classe, à m'entraîner à la danse ou à la natation, ou à me casser la clavicule au saut en hauteur, je déambulais dans mon quartier de l'ouest de la ville. Un coin difficile, voire dangereux, mais je m'y sentais parfaitement à l'aise. De temps en temps, je me rendais au marché. Oran en compte de magnifiques. Colorés, bruyants et parfumés par 1000 épices, ils étaient aussi un incontournable lieu de rencontre et d'échange. D'autres fois, je me promenais dans le port toujours très animé et d'une incroyable richesse culturelle. Oran est une ancienne ville fortifiée, peuplée par les Espagnols au XVIᵉ siècle et par les Français aux XIXᵉ et XXᵉ siècles. On y trouve de magnifiques édifices coloniaux, de grands boulevards et plusieurs attraits historiques d'importance, notamment dans la vieille ville. Son centre-ville est digne de son statut de deuxième ville d'Algérie, et ses magnifiques plages situées à l'ouest sont réputées pour la beauté du paysage et la finesse de leur sable. J'y ai passé 20 ans, m'y suis mariée et y ai mis au monde mes 4 enfants.

Dans le quartier, on me connaissait et on me remarquait. On me saluait souvent gentiment et, hormis mes comportements exceptionnellement exacerbés, j'étais connue comme étant d'un abord agréable. Bonne élève, j'avais décidé de m'inscrire à l'Université d'Oran, Es-Senia, l'une des plus prestigieuses du pays, afin d'y étudier les relations internationales. En Algérie, les deux premières années d'université, on étudie le tronc commun ; on étudie les matières spécialisées la troisième année.

Une fois entrée à l'université, à 18 ans, j'ai eu le sentiment très profond d'aborder une nouvelle étape. À peine sortie d'une enfance mitigée et quelque peu mouvementée, j'entrevoyais les portes de ma vie d'adulte s'ouvrir. Je commençais à porter un regard différent sur la nature humaine et en particulier sur les relations amoureuses qui m'avaient jusque-là été étrangères.

Norredine et moi avons eu plusieurs accrochages à ce sujet. Il s'était donné pour mission de veiller sur mon avenir. À cette époque, dans les pays du Maghreb, les filles se faisaient demander en mariage alors qu'elles étaient très jeunes. Il n'était pas rare de voir une adolescente de 15 ou 16 ans se marier avec un homme qu'elle n'avait la plupart du temps pas choisi elle-même. Le mariage est une affaire entre familles.

De 14 ans mon aîné, Norredine s'était donc mis en tête, comme cela se faisait beaucoup, de canaliser mes pulsions et de réfréner les ardeurs des jeunes hommes qui se faisaient de plus en plus pressants et insistants à mon égard. Il pensait choisir celui que j'épouserais, d'autant qu'il me jugeait plus qu'en âge de me faire demander en mariage. Maman, sans être nécessairement d'accord, ne s'opposait pas à cette façon de faire culturellement acceptable. Jouant à merveille le rôle qu'il s'était assigné, et pour éviter toute perte de contrôle sur ma destinée, Norredine surveillait inlassablement mes allées et venues. Il me suivait dans la plupart de mes déplacements parascolaires. Quand j'allais danser, il m'accompagnait. Je ne m'en formalisais pas trop, car, la plupart du temps, je me démenais sur les pistes de danse jusqu'à ce qu'il soit temps de rentrer à la maison. Il me surveillait, mais me laissait faire jusqu'à un certain point.

Il n'y avait pas trop de quoi s'inquiéter. J'étais consciente de ce qui se passait et, dans une certaine mesure, j'aimais le jeu des amours. Je ne reluquais pas trop les garçons, je n'étais pas une fille à amourettes, je ne faisais partie d'aucun groupe qui aurait pu m'entraîner dans certaines dérives. Pour moi, ce qui comptait, dans la vie, c'était de protéger maman pour qu'il ne lui arrive pas d'autres malheurs et de devenir quelqu'un de bien, comme elle le souhaitait. Pour ce qui est des bouleversements hormonaux propres à mon âge, des premières émotions et de ma vie intérieure, pour ainsi dire, je me confiais à mon père fictif auquel je pensais le soir avant d'aller dormir. Je lui parlais et lui demandais conseil de temps en temps, après avoir allumé un cierge devant ma Vierge porte-bonheur.

Un matin, avant de partir pour son travail, mon frère m'a épiée alors que je quittais la maison pour me rendre à l'université.

J'étais maquillée légèrement et je portais une minijupe que je m'étais fabriquée en cachette. Il a entendu les sifflements admiratifs des garçons sur mon passage et a bien vu que j'avais contrevenu aux règles de la maison en me pomponnant de cette façon.

Le soir venu, à peine rentré de son travail, il s'est précipité, furieux, dans ma chambre en me pressant de m'expliquer. Après avoir tenté de me défiler, j'ai changé de stratégie et je me suis mise à le défier malgré mes larmes. Très vite, le ton a monté et, alors qu'il s'apprêtait à lever la main sur moi, ma mère est entrée, le sommant de cesser :

— C'est ta sœur, mais ce n'est pas ta fille. Alors tu peux la corriger, mais tu ne la touches pas.

Fou de rage et dans une sorte de baroud d'honneur, il est entré dans ma garde-robe et s'est mis à défaire sans ménagement les ourlets de toutes mes jupes. Elles ne devaient en aucun cas dévoiler mes genoux.

J'avais compris. J'attendrais d'être dans l'autobus pour remonter un peu ma jupe. Il n'allait pas m'avoir comme ça. Il n'était plus question que je sois la risée des jeunes de mon âge, ni à l'université ni ailleurs. Pauvre Norredine, je l'aimais, malgré tout. Il essayait, lui aussi, de me protéger à sa façon.

J'avais maintenant beaucoup plus d'assurance et je prenais conscience que mes charmes ne laissaient pas la gent masculine indifférente. Un jour, j'ai remarqué qu'un homme deux fois plus âgé que moi sortait systématiquement d'une usine de fabrication de boissons gazeuses pour me regarder descendre de l'autobus qui m'amenait à l'université. Il ne manquait jamais cette sorte de rendez-vous qu'il s'était fixé. J'étais intriguée, sans plus. Un après-midi, alors que je sortais de mes cours, une superbe Mercedes noire s'est arrêtée à ma hauteur. À l'intérieur, un homme m'a tendu la main. C'était lui ! J'ai compris qu'il était le propriétaire de cette usine.

Il m'a fait signe de m'approcher. Je me suis exécutée un peu à contrecœur et il m'a dit :

— Bonjour, je veux vous parler. Est-ce que je peux vous reconduire à la maison ?

Évidemment, j'étais sur mes gardes.

— Non, merci, ai-je répondu. Pourquoi voulez-vous faire ça ?

— Je voudrais savoir où vous habitez, je voudrais rencontrer votre famille.

Alors que je lui demandais la raison de cette intention particulière, il s'est contenté de me répondre que c'était personnel.

J'ai refusé son invitation et j'ai tourné les talons.

Quelques jours plus tard, alors que je rentrais chez moi, il était là, assis avec ma mère dans le salon. Il m'avait suivie et avait découvert où j'habitais. J'avais à peine franchi la porte que maman m'a dit :

— Viens, il y a un monsieur ici pour toi.

Elle m'observait d'un air stoïque :

— Tu connais cet homme ?

— Non. Il m'a accostée poliment l'autre jour dans la rue, mais je ne le connais pas.

C'est alors qu'il s'est mis à nous expliquer le but de sa visite. Il était amoureux de moi et venait demander ma main ! Il était marié, avait des enfants, mais il prétendait avoir tout expliqué à sa femme et être prêt à divorcer pour m'assurer la plus belle des vies.

J'ai failli m'étouffer. L'homme était beau, raffiné et riche, mais je n'en avais que faire ! Comment un père de famille pouvait-il me faire une telle proposition ?

Il a poursuivi sa harangue en regardant ma mère :

— Votre fille est une fille bien. Je l'observe depuis un an, et son comportement envers moi, l'autre jour, m'en a convaincu plus que jamais.

Le remerciant, ma mère lui a assuré en le reconduisant qu'elle en discuterait avec mon frère.

Le soir venu, quand mon frère a appris ce qui s'était passé, il est devenu furieux.

— Tu te fais siffler dans la rue, demander en mariage par des inconnus, c'en est assez. Il est temps qu'on te case au plus vite !

Fort de cette décision qui le confortait dans le rôle qu'il s'était assigné, il m'a révélé son intention de me marier avec l'un de ses meilleurs amis, Ahmed Mahieddine. Je connaissais Ahmed et le considérais, moi aussi, comme un ami assez proche, même s'il était de 11 ans mon aîné. Il m'était souvent arrivé de me confier à lui. C'était un homme doux et gentil. Il occupait un poste important dans la fonction publique et il avait un appartement ainsi qu'une automobile de fonction. Il venait souvent à la maison. Il emmenait quelquefois toute la famille en balade dans sa belle voiture. Ce n'est que plus tard que j'ai compris les raisons de son comportement. Il était gentil avec moi, mais je pensais que cela découlait de son amical attachement à notre famille. Jamais je n'aurais pu imaginer qu'il était amoureux de moi et qu'il s'en était confié à mon frère, qui lui avait promis de l'aider dans sa quête.

Je n'étais pas consciente de ce qui se tramait. Je savais, bien sûr, que mon frère avait des plans pour moi, mais, la plupart du temps, cela ne m'inquiétait pas outre mesure. J'avais le cœur léger. Après tout, la famille était unie. Norredine s'était marié et vivait chez nous avec sa femme. Maman avait son petit train-train habituel, continuant de tenir au mieux la maison, de s'occuper de moi, d'aider les uns et les autres. Pendant quelque temps, nous avons hébergé une jeune fille. Elle était l'une des neuf enfants d'une famille monoparentale qui vivait dans notre immeuble. Voyant que sa mère ne parvenait pas à joindre les deux bouts, maman lui avait proposé de prendre Zouzou, une de ses filles, à la maison. Ce geste généreux me comblait de plaisir. Elle me faisait le cadeau d'une amie et en quelque sorte d'une sœur que je n'avais jamais eue. J'ai aimé cette période. La maison était ouverte. C'était normal, c'était la vie, et ma routine me convenait parfaitement. Je continuais d'étudier, je dansais, je faisais du sport. J'étais heureuse.

En 1974, alors que le Maroc et l'Algérie étaient entrés en conflit, cette fois pour une question de frontières, le roi du Maroc, Hasan II, avait décidé, par représailles, de renvoyer chez eux tous les ressortissants algériens qui se trouvaient sur son territoire. La réplique de ces derniers a eu de nombreuses répercussions… y compris, à titre plus personnel, celle de me faire découvrir Ahmed sous un autre jour.

À des fins de contrôle, les étrangers résidant en Algérie devaient se présenter tous les deux ans à la police. Maman étant marocaine et moi, apatride, nous ne faisions pas exception à la règle, nous étions fichées. À la fin d'un après-midi, alors que j'étudiais à la maison, on a frappé à la porte. J'ai ouvert à deux policiers qui réclamaient maman.

— Nous avons ordre d'emmener votre mère, elle doit quitter le pays.

Un véhicule qui avait des allures de fourgon cellulaire attendait déjà dans la rue. Ma mère, qui m'avait rejointe, s'est mise à trembler. Comme pour la protéger, je l'ai repoussée derrière moi.

— Vous n'allez pas emmener ma mère dans votre panier à salade !

— Ne t'occupe pas de ça, il faut qu'elle vienne avec nous maintenant.

J'ai tenté de leur claquer la porte au nez. L'un des deux policiers a mis son pied dans l'embrasure pour l'empêcher de se fermer complètement. Ils l'ont rouverte sans grand mal. Ils étaient les plus forts.

J'étais désemparée par ce combat inégal. Seuls les mots pouvaient nous sortir de cette fâcheuse situation. Suffisamment, en tout cas, pour convaincre les deux policiers de nous laisser un moment de répit, moyennant la promesse de nous présenter au commissariat une heure plus tard.

À peine avaient-ils tourné le dos que j'ai tenté de joindre mon frère pour qu'il nous vienne en aide. En vain. C'est alors que j'ai pensé à Ahmed, son ami. Peut-être pourrait-il nous sortir de ce pétrin ? Voir maman à nouveau malmenée et déracinée m'était insupportable. J'étais prête à faire n'importe quoi pour lui éviter cela.

J'ai réussi à le joindre et, aussitôt, il est venu nous retrouver à la maison. Après nous avoir calmées, il a pris le téléphone. La conversation était très sérieuse. Après avoir raccroché, il a murmuré :

— Ne vous inquiétez pas, ça va s'arranger.

Il se voulait rassurant, mais je percevais de la crainte dans ses yeux. Il nous a emmenées tout de suite au commissariat.

Nous avons attendu une trentaine de minutes dans ce lieu lugubre qui me rappelait de très mauvais souvenirs avant que l'on vienne nous chercher. Ahmed avait été invité à se tenir à l'écart, à l'extérieur du bureau. Quand il a vu mon passeport apatride, l'inspecteur principal chargé du dossier s'est inquiété de ma présence avant de commencer son laïus :

— Votre mère doit être déportée. Vous n'avez pas à vous mêler de ça. Même son fils algérien n'a rien à voir avec ça…

J'essayais d'intervenir, mais on me coupait sans cesse la parole. On a commencé à insulter ma mère et à la traiter de Juive de façon hargneuse. Je m'interposais. Alors que j'étais à soutenir le regard de l'inspecteur, son téléphone sonna.

À peine avait-il décroché qu'il a bondi de sa chaise, pour adopter instinctivement une position proche du garde-à-vous.

— Oui, monsieur. Bien, monsieur. Certainement, monsieur !

Il a raccroché et s'est rassis, manifestement gêné. Le regard noir, il a jeté nos passeports sur le bureau et nous a sommées de partir. Il s'est adressé à ma mère avec beaucoup de haine :

— Fous le camp ! Tu l'as échappé belle, cette fois, mais tu ne perds rien pour attendre.

L'appel qu'avait fait Ahmed de la maison avait porté ses fruits. Quelqu'un était intervenu à sa demande. Il était notre sauveur.

Un autre jour, alors que j'étais toujours incapable de rejoindre mon frère, il m'a aidée à emmener maman à l'hôpital. Elle était tombée sur le trottoir et s'était relevée complètement ensanglantée. Voyant qu'on ne la traitait pas assez vite, j'avais fait une véritable crise aux urgences. Mon ami tentait de me calmer, tandis que j'essayais de mettre l'hôpital sens dessus dessous. Ma mère devait être soignée toute de suite, elle était ma vie. Elle ne devait pas mourir, et j'étais prête à tout pour la sauver. Encore une fois, la présence d'Ahmed a été utile. Il est parvenu à me calmer et à faire accélérer les soins à donner à maman.

Il devenait plus que jamais un membre de la famille. Si bien que, quelques mois plus tard, il a décidé de passer à l'action et de se faire plus entreprenant. La manière dont cela s'est fait mérite d'être racontée.

Un soir, alors que nous étions à la maison, maman, mon frère et moi, Ahmed s'y est présenté, passablement éméché. Ce n'était vraiment pas dans ses habitudes. Alertée par son brouhaha, je suis sortie de ma chambre en pyjama. Maman se demandait ce qui se passait :

— Mais qu'est-ce qui t'est arrivé, Ahmed ? Tu es soûl !

Il a souri. Il était frêle, blanc et se tenait le dos courbé vers l'avant, gêné par son état. Il avait de longs doigts de pianiste. On aurait dit que le physique d'Ahmed ajoutait du burlesque à la situation.

— Oui, a-t-il répondu à ma mère, mais j'ai encore toute ma tête. Est-ce que je peux vous parler ?

Puis il s'est adressé à moi :

— Pas à toi, je veux parler seulement à ta mère et à ton frère.

J'étais sidérée. Maman lui a préparé un café bien fort et ils se sont assis à la table de la cuisine. Je suis retournée, un peu inquiète et en m'interrogeant, dans ma chambre. Je ne sais combien de temps s'est écoulé, mais, dès le départ d'Ahmed, j'ai été convoquée au salon. C'est mon frère qui m'a appris qu'Ahmed était venu me demander en mariage et qu'il avait accepté sa demande. Tout simplement.

Je me suis mise à pleurer. Ahmed était mon ami, un grand ami, mais pas mon amoureux. Je n'en avais pas eu. Peut-être par manque de temps ou tout simplement parce que je n'en voulais pas. J'ai supplié maman de ne pas me forcer à me marier, jusqu'à ce qu'elle se lève et dise :

— Tu ne comprends pas ; la FAMILLE a accepté. C'est tout, retourne dans ta chambre.

J'ai tenté de m'accrocher à elle. Je croyais qu'elle me comprendrait. Mais elle ne pensait qu'à mon salut. Mon caractère bien campé et ma situation d'orpheline de père avaient peut-être joué en ma défaveur, mais, selon les critères culturels de l'époque, je commençais surtout à devenir trop « vieille » pour rester célibataire. Tout le monde semblait unanime : le mariage était la meilleure des choses qui pouvait m'arriver. Tout le monde se trompait.

J'ai versé toutes les larmes de mon corps. J'en voulais à tout le monde. J'en voulais à Ahmed. C'était un cauchemar. J'avais l'impression de crier et qu'on ne m'entendait pas. Ce n'était malheureusement pas qu'un simple cauchemar. La réalité m'a rattrapée bien vite. Deux semaines plus tard, j'étais mariée dans la plus pure tradition algérienne, moi, la catholique apatride.

Les festivités ont duré plusieurs jours, orchestrées par les femmes. Celles de la famille, les proches et même les voisines qui avaient préparé toutes sortes de gâteaux et le traditionnel couscous. J'ai été accompagnée au hammam pour la rituelle toilette assortie d'une exfoliation en profondeur et d'une séance d'épilation. On m'a ensuite maquillé les mains et les pieds au henné. Ce rite qui symbolise l'union est aussi censé porter la « baraka », la chance. L'ambiance était à la fête, les femmes qui s'affairaient autour de moi chantaient et riaient. J'ai passé le reste de la journée à porter de somptueux caftans prêtés par les amies de la famille. Ces robes confectionnées dans de précieux tissus étaient cousues, brodées, ornées de perles et de paillettes, dans la plus pure tradition orientale. Je portais de magnifiques bijoux, également prêtés pour la plupart. De superbes colliers de perles, des chaînes en or savamment travaillées, de grandes boucles d'oreilles et d'innombrables bracelets, y compris aux chevilles.

Avant la cérémonie officielle qui aurait lieu le lendemain, les familles des futurs époux ne s'étaient pas encore réunies. Le soir venu, nos domiciles respectifs résonnaient séparément des échos des chants et des danses qui accompagnaient notre dernière journée de célibat. Le lendemain serait consacré à l'union civile, qui aurait lieu à la mairie avec la traditionnelle robe de mariée blanche et le diadème sous les youyous incessants des femmes en liesse.

Paradoxalement, lors de ces cérémonies hautement festives, la mariée doit s'abstenir de sourire. Un usage qui me convenait parfaitement.

Et que dire de la nuit de noces ? Un carré de tissu blanc avait été déposé sur le lit conjugal pour recueillir la preuve sanglante de ma virginité. Brandi par la doyenne des femmes à qui nous devions le remettre ensuite, il était le symbole d'un mariage culturellement bien consommé.

J'ai vécu ces deux journées avec un étrange détachement, un peu comme si j'étais la spectatrice de mon propre mariage.

Algérie et États-Unis :
la vie professionnelle
~

Au travail, l'important n'est pas le titre qu'on obtient,
mais bien le chapitre que l'on écrit en dessous.
Anonyme

Très rapidement, j'ai eu une nouvelle démonstration de l'engagement amoureux de mon conjoint. Quelques jours à peine après notre mariage, Ahmed s'est fait offrir un poste important au sein de l'Organisation mondiale de la santé. Il avait été choisi parmi 15 ingénieurs d'un peu partout dans le monde. Le hic, c'est que cet emploi, qui aurait pu propulser sa carrière, nécessitait un déménagement à Lausanne, en Suisse.

Les choses se compliquaient. Ahmed était devant un dilemme. Il rêvait de cet emploi, mais il savait que me faire accepter un tel déplacement ne serait pas facile. Expliquant qu'il venait tout juste de se marier, il a réussi à obtenir un délai de deux mois pour donner sa réponse. Ça a été moins évident à la maison. Il réfléchissait aux conséquences de sa décision, quelle qu'elle soit, et gardait le silence. Le temps passe toujours trop vite dans ces situations-là, et Ahmed a été bien vite contraint de m'annoncer, le plus honnêtement du monde, ses intentions.

— Danièle, on s'en va à Lausanne. On m'offre un poste extraordinaire, on va s'installer là-bas pour trois ou quatre ans. Je pars en mission de reconnaissance dès cette semaine. Une fois sur place, je te ferai venir. On va en profiter pour choisir un bel appartement. Les conditions qu'on me propose sont très intéressantes.

Il était enthousiaste comme jamais je ne l'avais vu auparavant.

Première réaction prévisible de ma part :

— Que va-t-il se passer avec maman ?

— Nous trouverons une solution, a-t-il dit. Pour le moment, c'est toi d'abord. On verra pour la suite.

Il s'est donc rendu à Lausanne avec l'espoir que j'aille le retrouver. Un mois plus tard, il a reçu un coup de fil de maman. Après une courte salutation, elle lui a annoncé nerveusement et avec une excitation non dissimulée :

— Ahmed, tu vas être papa.

Il en est resté sans mot. J'étais à côté de ma mère, moi aussi inhabituellement muette, entre pleurs et nausées. Le premier choc et les premières émotions passés, il a évidemment demandé à me parler. Le temps a dû lui sembler une éternité avant qu'enfin je me résigne à prendre l'appareil.

J'aurais dû me réjouir et rayonner de bonheur. Lui, sentant mon désarroi, tentait de me rassurer et de m'encourager :

— Je suis tellement heureux. Je t'aime tellement. Tu vas me rejoindre. Tu vas voir, j'ai trouvé un magnifique appartement au bord de l'eau.

Ces derniers mots raisonnaient intensément dans ma tête. La réalité venait de m'atteindre. Jamais je ne pourrais quitter maman. J'ai répondu non, j'ai lâché le téléphone et me suis mise à courir vers ma chambre. Maman a repris le combiné pour rassurer Ahmed à son tour :

— Ne t'inquiète pas, je vais m'occuper d'elle.

Que voulait-elle dire ?

Notre séparation a duré deux mois. Il m'appelait deux fois par semaine. Moi, je lui écrivais. Il était mon ami. Il me manquait. C'était mon ange gardien. J'avais besoin de lui. Subtilement, je découvrais les véritables sentiments que j'éprouvais pour lui. Quand on a 19 ans, il est encore difficile de décoder les véritables signaux amoureux. Pour moi, ce n'était pas le grand amour tel qu'on peut l'imaginer à cet âge, mais certainement quelque chose de très fort et de très apaisant en même temps.

Il a continué d'insister pour que j'aille le rejoindre. Il aurait pu l'exiger. Il ne l'a jamais fait. Dans chacune de ses lettres, à chaque appel téléphonique, il y allait de ses meilleurs arguments, me parlait d'une vie meilleure, de la beauté des lieux. Mais il n'était jamais question de maman. Lassée par une situation qui à mon avis pouvait devenir dramatique pour ma mère, je lui ai envoyé une lettre sans équivoque : je n'irais pas en Suisse.

En homme de grande valeur, protecteur, sa décision a été immédiate. Il est rentré. Quand je l'ai vu à la porte, on s'est regardés et on s'est enlacés. Il m'a dit :

— C'est comme ça. J'ai deux femmes dont je dois m'occuper, et peut-être trois.

Pas de crise, pas de reproche et pas l'ombre d'un regret. C'était tout lui. Notre vie de famille a alors pris son envol.

Le 18 juillet 1976, ma première fille, Linda, venait au monde. Quatorze mois plus tard, c'était au tour de Nawel, la deuxième, de faire son entrée dans notre vie. J'avais 21 ans, mes études universitaires étaient bel et bien terminées. Je m'étais laissé entraîner dans une espèce de tourbillon familial dont j'éprouvais encore quelques difficultés à prendre la mesure. On m'y avait poussée. Probablement avec de bonnes intentions, certainement pour essayer de me protéger des autres et peut-être de moi-même, on m'avait précipitée dans l'univers haute-ment conventionnel de la famille.

Ahmed était un mari aimant et un très bon père. Un soir, il m'a dit :

— Danièle, je sais que tu ne m'aimes pas, du moins comme je le souhaiterais, mais je peux te promettre ceci : jamais je ne te causerai de peine et je vais tout faire pour que peut-être un jour tu aies pour moi les sentiments que j'espérais.

Et il a toujours tenu parole. Et moi, j'ai appris à le respecter pour ça.

Fidèle à sa façon d'être, il avait accepté de prendre maman avec nous. Pour moi, c'était un grand geste d'amour. Il aurait pu en décider autrement, et maman aurait pu rester près de Norredine comme le voulait la coutume. Mais je crois qu'il comprenait qu'il n'avait pas vraiment le choix. Je ne supportais pas la simple idée de ne plus être sous le même toit qu'elle. Au début, sa présence a été un peu difficile et parfois déconcertante pour Ahmed qui n'en faisait pas état. J'ai dû expliquer quelques règles à maman, qui avait tendance à vouloir tout diriger dans la maison. Elle a compris très vite. Chacun a trouvé sa place et tout s'est passé pour le mieux.

Tous les mois, nous allions rendre visite à mes beaux-parents à Alger. La famille de mon mari est algéroise depuis des siècles. Les Mahieddine étaient l'une des grandes familles d'Algérie. Des gens connus et respectés, propriétaires terriens et érudits.

Malgré les six heures de route, ces retrouvailles familiales étaient un pur bonheur pour moi.

Afin que la fête soit complète, les sœurs de mon mari nous rejoignaient aussi, accompagnées de toute leur petite marmaille. Ça cuisinait, ça riait. Il nous arrivait souvent de chanter et de danser au son de rythmes orientaux qui égayaient encore plus cette belle maison inondée de soleil. Ma belle-mère était aux petits soins avec moi. J'avais même un traitement privilégié, alors qu'au début de notre relation elle avait très mal accepté que son fils fréquente une *roumia*, c'est-à-dire une étrangère parlant français. Quatre de ses frères avaient été tués devant elle par l'armée française durant la guerre d'Algérie.

Mon beau-père Abdelkader avait dès le départ facilité mon intégration dans la famille. Il m'avait acceptée tout de suite et avait donné sa bénédiction à son fils pour le mariage. Petit à petit, ma belle-mère est devenue ma complice. Elle l'a été pendant 11 ans, jusqu'à son décès.

Lorsque Linda est venue au monde, elle a même changé du tout au tout. Elle est venue aider ma mère à la maison. Nous avons véritablement fait connaissance à ce moment-là. Notre relation s'est approfondie, et nous sommes très vite devenues inséparables. Je n'essayais pas de jouer à l'Algérienne. Je restais authentique. Si j'avais envie de l'embrasser, je le faisais. Si je n'étais pas contente, je le manifestais. J'étais naturelle et elle aimait beaucoup cette attitude.

Quand nous nous rendions chez elle, elle nous laissait sa chambre pour la fin de semaine. Elle faisait le lit, mettait du parfum sur les draps et permettait même à Ahmed de dormir avec moi, privilège inconcevable dans une culture où il est très malvenu qu'un fils passe la nuit avec une femme, même la sienne, dans le lit de sa mère. Mais à peu près tout m'était permis. J'avais beau réclamer un statut équivalant à celui de mes belles-sœurs, elle ne voulait rien entendre et elle avait la complicité bienveillante de mon beau-père.

C'était un homme extraordinaire, intelligent et cultivé. Nous avons eu de grands échanges, tous les deux. Entre autres à propos de la religion. C'est lui qui m'a fait comprendre que le problème de nos sociétés n'était pas l'appartenance religieuse, mais bien l'intégrisme, quel qu'il soit. Il m'a appris à comprendre l'islam et à me méfier de tout jugement radical.

Jamais la famille de mon mari n'a fait de pression pour que je me convertisse à l'islam. Au moment de la naissance de Linda, j'ai demandé à Ahmed de me laisser enseigner à nos enfants ce que je savais du christianisme et du judaïsme. Il a accepté.

Toute ma belle-famille a compris la situation, même mon beau-père, que j'appelais «papa». Un jour, je lui ai dit:

— Papa, j'aurais un service à te demander. Quand tu viens à la maison et que tu demandes la prière, peux-tu ne pas inclure mes enfants? Je voudrais qu'ils aient une bonne compréhension des trois religions, mais je ne veux leur en imposer aucune, afin qu'ils fassent leurs propres choix plus tard.

Il m'a répondu gentiment:

— Tu as ma parole.

Papa, Abdelkader Mahieddine, a été l'un des hommes les plus importants de ma vie. Après le décès de ma belle-mère, j'ai tenté de réconforter cet homme qui, plongé dans une immense tristesse, s'était renfermé en lui-même.

Dans notre culture, mari et femme veillent mutuellement à leur bien-être. Cela se traduit quotidiennement par une multitude de petites attentions et de gestes, dont le rituel du bain fait partie. Chacun prend le temps de laver doucement l'autre et de le masser pour lui offrir un inestimable moment de réconfort et de relaxation. Je savais que ces moments privilégiés manquaient terriblement à papa depuis le départ de sa femme bien-aimée. C'est normalement ses filles qui auraient dû veiller à la continuité de ces bienfaits, mais elles ne le faisaient pas. N'écoutant que mon cœur, je lui ai proposé de but en blanc de prendre un bain.

Comprenez-moi bien, il était déjà très propre et particulièrement soigné. Il n'avait nullement besoin d'un bain. Je voulais tout simplement qu'il prenne le temps de se détendre. Comme tous les membres de ma famille, il a été surpris par ma proposition, mais il l'a acceptée.

Une fois qu'il a été bien installé dans la baignoire, je me suis hissée jusqu'à la petite lucarne qui se trouvait sur le mur qui séparait la salle de bains de la cuisine :

— Papa, mets ton caleçon, je vais venir te laver.

Ahmed m'a regardée, l'air de dire : « Mais es-tu complètement folle ? »

Comment pouvais-je penser entrer ainsi dans l'intimité de mon beau-père ? Avec la naïveté d'une enfant, avec la pureté des sentiments d'une fille qui prend soin de son père. Je n'en avais que faire de ces conventions. Je savais que cet homme avait besoin d'être réconforté. Au bout de quelques secondes de silence, je l'ai entendu se relever dans la baignoire et j'ai deviné qu'il était en train de mettre son sous-vêtement. Je suis entrée sans rien dire dans la salle de bain. J'ai laissé la porte entrouverte et me suis mise à le laver et à l'essuyer doucement. Il souriait. Il n'était ni tendu ni anxieux. Il se laissait faire comme un enfant. C'était magique. Il était en fin de compte redevenu un enfant. Nous ne disions pas un mot. Ce n'était pas nécessaire. Lorsque j'eus terminé, mon beau-père s'habilla. Il était prêt pour la prière. Lorsqu'il vit son fils, il le regarda droit dans les yeux et lui dit :

— Danièle, c'est ma fille. Assure-toi de ne jamais lui faire de la peine.

Ce furent des années de calme. Je me sentais très sereine. J'étais finalement fière d'avoir fondé une famille. Mes enfants étaient un véritable baume sur les blessures laissées par mon enfance et mon adolescence. Le positif reprenait le dessus. L'absence de père, les drames subis par maman, les déracinements, mon mariage forcé… Très subtilement, mes épreuves se transformaient et devenaient des atouts. J'étais animée d'une énergie débordante et créative, que j'avais la ferme intention de mettre au service des miens.

Ahmed avait poursuivi sa carrière à Oran. Il était maintenant directeur général de la compagnie La S.O.N.A.D.E., une compagnie de 6000 employés spécialisée dans la gestion des eaux potables au pays. Sans jamais se servir de ses relations ou s'adonner à un quelconque jeu politique, il continuait de gravir les échelons de la fonction publique. Je l'admirais beaucoup pour ça.

Heureuse dans cette vie familiale qui s'épanouissait, je ne me sentais cependant pas vraiment comblée. J'avais besoin de bouger. Je ressentais de plus en plus le besoin d'avoir une vie « en dehors », d'être aussi utile à d'autres, ailleurs. Je débordais d'énergie, il fallait que je le partage. Je me sentais prête pour ça. C'est ainsi que, à la fin de 1977, je suis entrée sur le marché du travail. Ma situation était privilégiée. Je savais pertinemment que maman serait toujours là en cas de besoin, et le statut professionnel de mon mari nous permettait d'avoir deux bonnes à la maison. L'une à temps plein pour s'occuper des enfants, et l'autre pour les tâches ménagères. La présence de maman m'autorisait une grande liberté, tout en me sécurisant. Celle des domestiques me libérait de nombreuses tâches et m'offrait un appréciable répit.

Ahmed ne s'est pas opposé à mon désir de travailler. Je me demande d'ailleurs s'il a réussi, ne serait-ce qu'une seule fois, à m'arrêter quand j'avais décidé d'entreprendre un nouveau projet.

Je me débrouillais dans plusieurs langues, y compris l'anglais que j'avais choisi d'étudier sérieusement lors de la phase d'orientation à la fin du lycée. J'avais fait des études supérieures et j'avais fière allure. Quelques atouts qui m'ont permis de trouver sans difficulté un premier emploi. Je suis entrée au service de la compagnie Pullman Kellogg, une multinationale américaine qui réalisait des projets pour le compte de la société d'État Sonatrach, chargée du développement des ressources pétrolières et gazières algériennes.

J'étais la secrétaire attitrée du président de la compagnie, un Américain, évidemment. Je suis devenue en quelque sorte son bras droit. Je m'occupais de la préparation des contrats, des réunions de travail, des relations avec les syndicats et de la coordination générale du bureau du président. Mes patrons étaient très heureux de pouvoir compter à la direction une «locale» capable d'entretenir de bonnes relations avec les partenaires de l'entreprise et les employés, qui étaient algériens à 90 %. Ces gens travaillaient dur à forer interminablement pour extraire l'or noir. À certaines périodes, la compagnie a embauché jusqu'à 30 000 personnes pour réaliser d'immenses projets qui ont permis à l'Algérie de se forger une base économique stable, contrôlée par l'État et appuyée par des compagnies américaines, françaises, russes, italiennes ou encore canadiennes.

J'aimais ce que je faisais et je m'y suis donné corps et âme pendant presque deux ans. Jusqu'à ce que j'apprenne ma première grande leçon, tirée du grand livre des aléas de la vie professionnelle.

Une des tâches qui m'avaient été confiées consistait à être la responsable des ressources humaines, tant pour les cadres que pour que ce qu'on appelait le «*pool* de dactylos», un service chargé de la production de l'ensemble des documents de l'entreprise.

Dans le cadre de ces responsabilités, j'ai eu un jour affaire à deux employés qui estimaient que j'en menais un peu trop large dans l'entourage de la haute direction. Pourtant, ayant décelé que l'une de ces deux personnes avait beaucoup de difficulté à accomplir ses tâches, je n'hésitais pas à rester avec elle après les heures de bureau pour lui permettre de finir son travail à l'abri des regards de la direction.

Mais plutôt que de manifester de la reconnaissance, cette employée a commencé à me jalouser, trouvant que j'avais la vie facile, que je ne méritais pas mon statut. Elle a été tellement convaincante dans sa démarche qu'elle a réussi à y entraîner un collègue.

J'étais jeune, empressée de faire mes preuves, et j'étais parfois maladroite. Trop directe, en tout cas. Je n'avais certainement pas encore acquis tout le doigté nécessaire dans ce type de fonction. Mon caractère expansif pouvait laisser croire à certains que j'usais quelquefois d'artifices et d'esbroufe pour arriver à mes fins. C'était faux et non fondé. Je me comportais de façon intègre, avec la personnalité qui était la mienne, c'est tout. Évidemment, je pouvais être dérangeante. Mes deux ennemis ne l'acceptaient pas. Ce dont ils m'accusèrent de façon mesquine et injuste m'a blessée au plus haut point. Le réveil a été brutal.

Ils avaient décidé de me salir. Ils n'aimaient pas que j'aie ce qu'ils considéraient comme un traitement de faveur. Après tout, je n'étais qu'une secrétaire à leurs yeux. Ils ne supportaient pas, entre autres, que je bénéficie des services d'un chauffeur. Ce n'était pas un avantage, mais une nécessité, car je devais, afin de me conformer aux horaires de mes patrons, commencer très tôt et finir très tard chaque jour. De malentendus en incompréhension, ils ont fini par répandre toutes sortes de rumeurs dans l'entreprise. Pourtant, je me contentais de faire au mieux mon travail.

Ce duo a décidé de porter le coup final en rédigeant une lettre destinée à mettre au grand jour mes supposés agissements. Cette lettre a été largement diffusée, y compris aux représentants syndicaux. À la fin de cette missive, on demandait tout simplement mon départ, afin, disaient-ils, de « calmer les esprits au sein de l'entreprise ». Ils n'y allaient pas de main morte.

Mon patron, de 40 ans mon aîné, en bon Texan, mâchouillait continuellement un cigare. C'était un homme juste. Comme le dossier prenait de l'ampleur semaine après semaine, cette histoire a fini par remonter jusqu'au siège social aux États-Unis.

L'affaire s'est encore compliquée quand la société d'État Sonatrach, perturbée par cette histoire, a demandé que la situation soit réglée au plus tôt. L'âme en peine, mon patron m'a signifié mon licenciement, accompagné d'une généreuse indemnité de départ :

— Danièle, il faut que tu quittes la compagnie, sinon c'est moi qui vais perdre mon emploi.

Me sentant abandonnée, je n'ai pu retenir mes larmes :

— Je ne veux pas de votre argent. Désolée, mais je ne partirai que lorsque j'aurai prouvé mon innocence.

J'ai été convoquée par mon patron, la direction de Sonatrach et les responsables du syndicat, qui voulaient m'entendre. Ça ne laissait présager rien de bon. À la suite de ce qui a été un véritable interrogatoire, leur réaction m'a perturbée profondément. Malgré les preuves évidentes de mon intégrité, leur décision était déjà prise. Tout cela n'était que mise en scène. Il fallait que je parte.

J'étais désemparée. C'était ma première expérience sur le marché du travail. Jamais je n'aurais pensé que des gens pouvaient être si méchants. Jamais je n'aurais pensé que mes patrons me lâcheraient. J'étais à l'école de la vie professionnelle. Et j'allais, bien sûr, en tirer des enseignements.

Après être restée pétrifiée pendant quelques jours, j'ai repris contenance et décidé de me battre comme j'avais appris à le faire. Ils avaient monté un dossier. J'allais en faire autant.

Le syndicat, dont le rôle était de protéger les employés, commençait à douter sérieusement des deux employés qui s'étaient attaqués à moi. Le syndicat a demandé à me rencontrer de nouveau. J'ai repris point par point chacune des accusations dont j'étais victime. Convaincus par les preuves imparables de ma bonne foi, les syndicalistes ont fini par reconnaître mon honnêteté.

Mais la décision de la compagnie était irrévocable. On m'a retiré les services du chauffeur en me faisant comprendre que c'était bel et bien terminé. Qu'à cela ne tienne. Je me rendais au travail comme tout le monde, en autobus. Confrontée à la difficulté de me faire « abandonner » mon poste, la direction a décidé tout simplement de m'interdire l'entrée en annulant ma carte d'employée. Le service de sécurité ne pouvait plus m'accorder l'accès aux bureaux.

Je rageais et, en même temps, j'étais plus déterminée que jamais. Mais je n'allais tout de même pas courir le risque d'escalader la clôture pour avoir accès à mon bureau. Je me suis rendue à la cabine téléphonique la plus proche et j'ai appelé le syndicat. J'ai expliqué ce qui se passait. On m'a demandé ce que je comptais faire. J'ai répondu que je voulais d'abord rétablir ma réputation et qu'après seulement, je partirais s'il le fallait.

— Parfait, attends près de la clôture, m'a-t-on dit.

Les représentants de différents syndicats se sont concertés. Plusieurs me connaissaient bien, car j'avais transigé avec la plupart d'entre eux. Après avoir unanimement décidé de m'appuyer, ils ont communiqué avec la direction en lui demandant de m'autoriser l'accès aux locaux de l'entreprise.

— C'est injuste, disaient-ils, vous devez lui redonner son emploi. On a épluché le dossier et on n'a rien trouvé. On vous donne dix minutes, sinon on lance un appel à la grève.

Il convient quand même de rappeler que, par mes fonctions, je jouais un rôle pour les uns et les autres. J'étais le lien entre la direction américaine et les employés locaux dont je connaissais parfaitement les us et coutumes.

Comme les patrons croyaient à un bluff, ils ont refusé d'obtempérer. Au bout d'un quart d'heure, les ouvriers se sont regroupés par milliers le long de la fameuse clôture. En arrivant, ils me saluaient et s'asseyaient en tailleur, les mains posées sur la tête. Ils attendaient la décision de la direction. Des ouvriers qui soutiennent une cadre, ça ne s'était jamais vu. J'étais en larmes. Une main que je n'attendais pas s'était tendue vers moi, comme cela se produirait si souvent dans ma vie.

Au bout de deux heures, on m'a laissée entrer. J'avais gagné.

J'ai repris mes fonctions. J'ai écrit aux dirigeants pour les remercier de m'avoir laissée réintégrer l'entreprise et de m'avoir permis de rétablir ma réputation. Mes deux détracteurs ont été congédiés. Mon patron était ravi du dénouement de l'affaire. Mais même si tout semblait être rentré dans l'ordre, quelque chose en moi s'était brisé. Un mois plus tard, je remettais ma démission. La blessure était plus profonde que je ne l'avais cru. Plusieurs années après, j'ai compris que, peu importe la fonction occupée, il y a toujours un revers. Il suffit de le savoir. Les chutes paraissent alors moins brutales et douloureuses.

J'ai trouvé un nouvel emploi, toujours dans le même domaine. Bien qu'heureuse de ce dénouement, je n'en avais pas moins l'impression de faire du surplace.

Mis à part cette situation professionnelle, j'avais une vie familiale stable, confortable et riche de relations. Maman tenait sa place à la maison. Elle essayait de ne pas être trop envahissante. Mon frère, ma belle-sœur ainsi que leurs enfants faisaient partie de notre quotidien. Et puis il y avait toujours ces visites à Alger, chez mes beaux-parents. Quelquefois, quand je le pouvais, j'accompagnais Ahmed dans ses déplacements professionnels. La vie normale suivait son cours. Peut-être trop normale pour moi !

Maman continuait d'égayer la maison, de cuisiner divinement, d'organiser de grands repas et d'accueillir itinérants et démunis à notre table. Toutes sortes de gens qu'on ne connaissait même pas venaient nous rendre visite, y compris pendant le ramadan, une fête qui pourtant ne faisait pas partie de la religion de maman et ne l'obligeait à rien.

J'aimais ma vie, mais, extrêmement énergique, j'étais toujours prête à me lancer dans de nouvelles aventures. Je restais à l'affût des occasions. Ahmed et moi voulions d'autres enfants. Ce serait le cas assez rapidement. Je bénéficiais d'une situation privilégiée et je pouvais envisager de poursuivre une vie professionnelle sans porter atteinte à l'éducation de ma progéniture qui était bien entourée, sous la surveillance attentive de maman.

Un jour, ma belle-sœur Naziha est tombée sur une offre d'emploi dans le journal. Il s'agissait d'un poste de secrétariat au consulat des États-Unis d'Amérique. Moi qui occupais des fonctions plus importantes, le seul avantage que j'y voyais était qu'il se trouvait à 15 minutes de la maison. J'étais habituée à deux heures de transport quotidien pour me rendre au travail. De plus, je ne connaissais rien à la politique. Travailler pour des compagnies américaines pouvait toujours passer, mais directement pour l'Oncle Sam, je n'en étais pas sûre. Les Algériens étaient très méfiants vis-à-vis des Américains. Je lui ai dit d'oublier ça.

Elle a insisté :

— Danièle, tu devrais y penser. C'est un emploi à l'émission des visas. C'est simple, bien payé et à côté de la maison. Idéal pour toi qui veux agrandir ta famille.

Ahmed n'était pas enthousiaste à l'idée que je travaille au consulat américain. Lui-même haut fonctionnaire algérien, il était mal à l'aise avec cette idée. Je ne saisissais pas tout à fait ce qu'il sous-entendait. Pour moi, c'était un emploi comme un autre.

J'ai réfléchi pendant quelques jours et, finalement, ma belle-sœur a réussi à me convaincre d'envoyer mon CV. Je n'avais rien à perdre. Deux semaines plus tard, on m'a demandé de me présenter pour une première entrevue. Je ne sais trop pourquoi j'y suis allée. Par curiosité sûrement. Peut-être aussi pour tester mes capacités.

J'allais rencontrer le consul général, un certain M. Pattison. Le consulat était situé sur le front de mer, juste à côté de celui du Maroc, devant ceux de la France et de l'Espagne. Je me suis présentée à une femme qui se trouvait derrière une sorte de guichet protégé par une grande vitre pare-balles. J'ai glissé mes papiers sur le comptoir. On m'a accompagnée dans le dédale de cet édifice historique doté d'escaliers de marbre magnifiques. De nombreuses œuvres d'art enjolivaient les murs, et les rayons du soleil qui s'infiltraient par les grandes fenêtres donnaient des reflets tout particuliers à d'innombrables dorures. On m'a invitée à patienter dans une salle d'attente qui m'est apparue un peu plus austère. J'étais impressionnée par la hauteur du plafond et par l'immense bibliothèque remplie de livres d'histoire, de géographie, d'économie et de droit. J'avais les mains moites et j'ai failli rebrousser chemin en me disant : « Mais dans quoi t'es-tu embarquée ? »

Au bout de quelques minutes qui m'ont paru une éternité, le consul m'a reçue dans son immense bureau. Il était impressionnant. Bien que très poli, il est resté étonnamment froid lors de cette entrevue aux allures d'interrogatoire. Il voulait tout savoir sur moi : mon âge, ma famille, ma religion, mon passé… Tout cela en anglais, évidemment. Je restais sur mes gardes. À la fin de l'entrevue, il s'est contenté de me dire :

— C'est très bien, vous passerez des examens dès demain.

Alors que j'avais été hésitante jusque-là, je voulais maintenant aller au bout du processus. Le lendemain, lorsque je suis entrée dans la salle d'examen, j'ai aperçu trois autres postulants, dont une certaine Greta que je connaissais puisqu'elle travaillait chez Pullman Kellogg. C'était une femme d'une cinquantaine d'années, une Norvégienne, mariée elle aussi à un Algérien. Elle avait de la prestance, de l'expérience et était une très bonne traductrice. Je me suis dit que je n'avais plus aucune chance. J'étais presque soulagée.

Par fierté, j'ai tout de même fait les tests qui portaient surtout sur des questions linguistiques et je suis rentrée tout bonnement à la maison en me disant que l'affaire était classée.

Alors que j'avais déjà presque oublié cet épisode, une semaine plus tard j'étais convoquée de nouveau chez le consul général.

J'ai été bien reçue. Il m'a fait m'asseoir dans un coin du bureau. Il est venu m'y rejoindre en allumant nonchalamment sa pipe. Tout cela avait quelque chose d'informel et je me sentais un peu plus à l'aise que lors de notre première rencontre. Il est entré très vite dans le vif du sujet :

— Je voulais vous rencontrer pour vous demander si vous acceptiez le poste.

Je suis tombée des nues. Je n'ai pu m'empêcher de vérifier si mes résultats étaient meilleurs que ceux de Greta.

— Non, vous êtes troisième. Greta vous a largement devancée, mais c'est vous que je choisis.

J'étais déstabilisée, et ma réponse s'est limitée à un seul mot :

— Pourquoi ?

Il a marqué une pause, comme s'il réfléchissait :

— Pour ce que j'ai vu dans vos yeux.

Avais-je affaire à un séducteur ?

Esquissant un sourire, comme s'il venait de lire mes pensées, il a ajouté :

— J'ai perçu dans vos yeux de la détermination, de la passion et de la force. Pas dans ceux des autres candidats. C'est ce que je cherche. Je veux changer les choses et j'ai besoin de quelqu'un comme vous.

C'était la première fois qu'on me disait quelque chose comme ça.

— Vous voulez changer la méthode d'émission des visas ? lui ai-je répondu, sarcastique. C'est quoi, le travail, au juste ?

— Depuis des années, nous avons un consulat ici et une ambassade à Alger. Pourtant, nous n'avons aucun contact avec les autorités et la communauté algérienne. Je veux que ça change.

J'ai occupé cet emploi pendant 10 ans et rempli des fonctions tout aussi extraordinaires qu'imprécises. J'ai, entre autres, eu affaire à plusieurs consuls généraux, puisque leurs mandats sont toujours limités à deux ou trois ans. Il m'est arrivé de ne pas m'entendre avec certains d'entre eux, car je ne supportais pas qu'on soit autoritaire avec moi. C'était mon côté rebelle. Mais j'y ai aussi rencontré des gens extraordinaires, qui ont modifié ma façon d'aborder la vie.

Au début, j'ai bel et bien été affectée à l'émission des visas. Mais il n'y avait pour ainsi dire pas d'action. Deux ou trois demandeurs tout au plus par jour. Je passais des heures à lire les livres de la bibliothèque. Je m'ennuyais ; je souhaitais en faire plus. J'avais remarqué que le consulat recevait de multiples invitations à participer à toutes sortes d'événements mondains et protocolaires, alors que nous-mêmes n'organisions jamais ce type d'activités. Nous ne recevions jamais personne. Je me suis aussi souvenue de ce que le consul Pattison, qui a été remplacé peu de temps après mon arrivée, m'avait dit de la mission qu'il voulait me confier.

Décidant de passer à l'action quelque temps après, j'ai proposé au nouveau consul l'organisation d'une grande réception au consulat. Ce serait l'occasion d'en ouvrir les portes à la communauté oranaise. Je n'avais jamais fait quelque chose de semblable. Mais j'avais vu tant de fois maman le faire que j'étais persuadée d'en être capable. J'étais éprise du désir d'accomplir quelque chose de nouveau, quitte à risquer un échec.

Mes patrons ont refusé :

— On n'a jamais fait ça. Les autorités algériennes ne viendront pas. Ça ne marchera jamais.

Comment pouvaient-ils porter un tel jugement sans même avoir essayé ? J'ai conclu un pacte avec eux. Si l'événement était un échec, ils n'auraient pas besoin de me mettre à la porte. Je remettrais ma démission sur-le-champ. Ils ont été séduits par ma détermination. J'ai demandé un petit budget, dessiné moi-même une jolie carte d'invitation et me suis lancée.

J'ai travaillé sans relâche et passé des heures au téléphone pour promouvoir l'événement, acquérant une aptitude qui m'est toujours très utile. Je pouvais juger de la perception de mes propositions à la respiration de mon interlocuteur, à ses silences et aux intonations de sa voix. Je préparais un laïus pour chacun d'entre eux.

Je faisais face à certaines réticences de la part des autorités locales. Jamais elles n'avaient été sollicitées de cette façon, en tout cas pas par le corps diplomatique américain. Leurs réactions allaient de l'étonnement à la suspicion. Mais je persévérais, je les rappelais. J'expliquais les bonnes intentions du consul général et les avantages qu'il y avait à tisser des liens socioéconomiques et à favoriser le rapprochement.

Les jardins du consulat étaient magnifiques. Ça sentait le jasmin et la fleur d'oranger, et les grands arbres centenaires offraient de larges zones ombragées qui contrastaient avec l'éclatante blancheur des bâtiments. Le jour de l'événement, qui débutait à 13 heures avec un méchoui préparé dans la cour du consulat, de nombreux dignitaires ont répondu à l'appel.

Les diplomates et leurs épouses, bien sûr, ainsi que les gens d'affaires influents de la ville. Mais pas un seul représentant officiel du gouvernement algérien. Mon angoisse grandissait.

Plus le temps passait et plus j'étais persuadée d'avoir perdu mon pari. Les invités continuaient de se présenter, mais surtout des membres des corps diplomatiques. La femme du consul, qui accueillait officiellement les convives avec son mari, était quant à elle très enthousiaste. Elle trouvait cela extraordinaire et n'arrêtait pas de me féliciter.

Mais mes patrons, eux, étaient manifestement moins convaincus.

La réception tirait à sa fin et je prenais de plus en plus conscience de l'étendue de mon échec quand sont entrés ceux que l'on n'attendait plus : un représentant du maire d'Oran ainsi que le secrétaire général du wali, gouverneur de la ville et dignitaire qui représente l'État. Ce sont eux que j'espérais. Ils venaient de confirmer mon succès. Jamais un seul d'entre eux n'avait franchi les portes du consulat. Même si la guerre froide était terminée depuis de nombreuses années, le moins que l'on puisse dire, c'est qu'il persistait une certaine tiédeur envers la politique américaine.

Je me souviendrai toujours de l'expression du consul général et des gens de l'ambassade quand ils ont vu arriver ces messieurs. On pouvait y percevoir un mélange de surprise, de gêne, mais aussi de grande satisfaction. J'étais très fière de moi.

Ça a été le début d'une nouvelle ère dans les relations entre le consulat américain et les autorités locales. On organisait des voyages d'échange entre les universités. On accueillait des entreprises américaines pour favoriser des échanges commerciaux. J'étais souvent au cœur de ces activités. J'ai même participé à la signature d'ententes entre des compagnies des deux pays. Je m'étais taillé un poste sur mesure.

Sans m'en rendre compte, je commençais à intriguer les autorités du Front de libération nationale (FLN), parti socialiste unique plus puissant que le gouvernement. « Qui est donc cette femme ? Son mari est haut fonctionnaire et elle travaille pour les Américains ? » Elles se sont mises à s'interroger sur mes véritables fonctions. J'étais loin de me douter que le parti s'intéresserait à moi.

Ma réputation m'ouvrait des portes et contribuait à mon envol professionnel. Et j'adorais ça. Je repensais souvent à M. Pattison qui avait perçu quelque chose dans mes yeux. Il ne s'était peut-être pas trompé.

C'est à cette époque qu'une nouvelle consule générale a pris ses fonctions. Barbara Schell, une femme qui allait jouer un rôle de premier plan dans mon parcours professionnel. C'était une belle femme, très élancée. Ses cheveux courts et grisonnants lui allaient bien et, même si ses lunettes aux verres aussi épais que des fonds de bouteille rendaient minuscules ses yeux bleus, elle avait beaucoup de charme. Elle était dure, directe, intelligente et honnête.

À l'instar de ses prédécesseurs, elle s'impliquait énormément dans une communauté dont elle essayait de comprendre les us et coutumes. Elle avait manifestement la volonté d'établir des relations avec le peuple algérien. Elle apportait son aide aux orphelinats, se préoccupait du sort des enfants et rencontrait souvent les femmes de la ville. Elle n'a jamais refusé de partager un couscous qu'elle mangeait avec les doigts, assise à même le sol. J'ai compris, dès son arrivée, qu'elle dirigerait le consulat d'une main de fer. Elle m'a souvent fait pleurer et j'ai à maintes reprises pensé donner ma démission. Dieu qu'elle me brassait, pour utiliser une expression bien connue. Je me suis alors mise à réfléchir à mon avenir.

En 1982, Kader, mon unique fils était venu au monde, suivi de ma petite Amel en 1984. Je commençais à en avoir beaucoup sur les épaules. Mon mari occupait une fonction qui nous faisait bien vivre, rien ne manquait à la maison, et ma mère était là pour nous aider au besoin. J'aurais pu démissionner. Mais quelque chose me disait que ce serait une erreur.

Je n'avais pas encore compris que Barbara, une femme remarquable, aurait tant d'influence sur ma carrière. Ce n'est qu'après quelques semaines de collaboration que j'ai pris conscience qu'elle agissait dans la lignée du consul Pattison. C'est elle qui m'a appris que, lorsqu'on voulait vraiment quelque chose, rien n'était impossible.

En Algérie à cette époque, tout était rationné. On allait de pénurie en pénurie. Les denrées, les matériaux, l'énergie ; tout y passait. Construire une maison pouvait prendre jusqu'à 10 ans. Un jour, le consulat a été mis au fait que la sécurité du bâtiment n'était plus conforme aux normes. Les conflits au Moyen-Orient s'aggravaient, et le Département d'État avait décidé de revoir à la hausse les systèmes de protection de leurs consulats et ambassades dans tous les pays. Il a décidé d'ériger des murs beaucoup plus hauts autour de l'édifice. Ils devaient être en béton armé, mais le béton était alors une denrée rare à Oran. Et quand il y en avait, il était immédiatement réquisitionné par le gouvernement ou l'armée. Barbara m'a demandé de prendre en charge ce chantier et surtout de trouver les matériaux nécessaires.

Je ne connaissais rien au monde de la construction. Mais grâce à mon arme de prédilection, le téléphone, j'ai réussi à obtenir la livraison de tous les matériaux nécessaires. J'ai convaincu le patron d'une carrière qu'en répondant ainsi aux perquisitions gouvernementales il se faisait le complice d'une situation hautement pénalisante pour son peuple. J'avais mis le doigt là où ça fait mal. Il a organisé ses tournées de livraison de telle manière qu'il pouvait régulièrement en détourner un camion vers le consulat. C'était la seule possibilité d'obtenir ce dont nous avions besoin. Je prenais du galon, mais mes interventions m'ont apporté un autre genre de reconnaissance.

Je venais d'être fichée par les services secrets, qui commençaient à trouver que je prenais dans la ville une importance qui leur semblait suspecte. Je ne m'en suis pas rendu compte tout de suite, mais on a décidé d'envahir ma vie. J'étais sur écoute téléphonique, et mes allées et venues étaient surveillées. Ignorant alors totalement ces techniques, j'entendais bien quelquefois de petits grésillements étranges sur la ligne, mais je n'y prêtais pas attention. Je n'avais aucune idée de ce qui pouvait se tramer.

La tension augmentait en Afrique du Nord. Les différents pouvoirs s'affrontaient, et les courants extrémistes devenaient de plus en plus puissants. Mon mari le sentait, lui aussi. Même s'il n'avait jamais été identifié politiquement, il constatait que sa situation se dégradait. Dans n'importe quel pays, les ressources hydrauliques et l'accès à l'eau sont stratégiques. L'Algérie ne fait pas exception à la règle. Mon mari avait moins de marge de manœuvre et se heurtait à de plus en plus de difficultés pour mener à bien sa mission. Se sentant surveillé, il était de plus en plus soucieux, mais en bon fonctionnaire de l'État qu'il était, il subissait plus qu'autre chose cette situation.

Contrairement à lui, ma situation professionnelle s'améliorait. Mon salaire avait plus que doublé en six ans. Au milieu des années 1980, pour une femme, ce n'était pas rien. Je me sentais tout à fait à l'aise à l'idée d'aider mon mari à changer de situation professionnelle.

Après plusieurs discussions et de nombreuses propositions de ma part à propos de ce qu'il pourrait faire, j'ai suggéré à Ahmed de quitter cet emploi qui le stressait tant et de se lancer en affaires avec Moss, un commissaire de police qui était devenu un ami de la famille.

Comme maman, j'avais appris à entretenir mes relations. Cet ami cautionnait en quelque sorte mes faits et gestes auprès des autorités. Aux yeux du pouvoir, je devenais une citoyenne au-dessus de tout soupçon, ce qui m'autorisait une certaine latitude dans mes actions. Du moins, je le pensais.

J'espérais sincèrement que Moss deviendrait le partenaire de mon mari. Après avoir repensé à ma proposition, Ahmed s'est résigné à avoir une sérieuse discussion avec lui. Elle a porté ses fruits. Il a décidé de quitter son travail, sans grande compensation évidemment, et de se lancer dans un commerce florissant dans la région : l'élevage de poulets.

Notre train de vie s'en est trouvé légèrement diminué, et les dettes se sont accumulées. Mais ça allait encore, et les enfants continuaient de fréquenter les meilleures écoles. Eux ne manquaient de rien.

En avril 1986, les États-Unis, sous la gouverne de Ronald Reagan, ont déclenché l'opération *El Dorado Canyon*, soit le bombardement en règle de la Libye, qu'ils jugeaient responsable d'actes terroristes à la suite d'une explosion survenue quelques semaines auparavant dans une discothèque de Berlin-Ouest, majoritairement fréquentée par les militaires américains.

Ce énième conflit a provoqué des réactions passionnées dans les pays arabes. Même si on redoutait Kadhafi, qui jouait sur tous les tableaux, on en voulait aux Américains de répliquer de cette façon. De nombreuses manifestations spontanées se sont déclenchées un peu partout dans les pays musulmans. Oran n'a pas échappé à ces mouvements de colère.

Au consulat, nous avons vite commencé à recevoir des menaces et des alertes à la bombe quasi quotidiennes.

Un jour, alors que je me trouvais avec Barbara au consulat, nous avons reçu un appel des autorités policières nous annonçant que des manifestants se dirigeaient en très grand nombre vers le quartier diplomatique, et en particulier vers notre consulat. Elles nous ont demandé d'évacuer les lieux au plus vite, car elles ne savaient pas comment ça finirait.

Barbara a ordonné l'évacuation sur-le-champ, y compris celle de l'école d'anglais située au sous-sol du bâtiment. C'était presque la panique. Les professeurs et les élèves ont fui le bâtiment, tandis qu'on a verrouillé les portes d'entrée, fermé les volets. C'était la première fois que je vivais quelque chose du genre et, curieusement, je n'avais pas peur. Du moins, je maîtrisais mes émotions. Très calme, je suis allée chercher John Laylin, le conjoint de Barbara, et j'ai dit à celle-ci :

— Je vous emmène chez moi.

— Danièle, je ne peux pas quitter les lieux. Je suis chez moi ici. Nous sommes en territoire américain, et j'ai des responsabilités. Mais toi, tu dois vite aller retrouver les tiens.

Sans réfléchir, je lui ai répondu :

— Alors, moi aussi, je reste.

— Danièle, tu ne peux pas faire ça. Je ne peux prendre cette responsabilité. C'est trop dangereux. Une foule en délire est extrêmement difficile à contrôler.

— S'il vous plaît, Barbara, n'insistez pas, je reste !

J'ai alors pris le téléphone et appelé le commissaire Moss. Je lui ai annoncé que j'avais décidé de rester dans le consulat et lui ai demandé d'envoyer l'escouade antiémeute pour nous protéger, sachant que les deux malheureux policiers qui étaient de faction devant le consulat ne comptaient pas jouer les héros.

Il était dans tous ses états, furieux que je sois encore au consulat. Il vociférait. J'ai raccroché sans être certaine de ce qu'il ferait.

Les cris de colère des manifestants s'approchaient de plus en plus. Ils devaient être des milliers. Je réalisais soudainement l'ampleur du danger et mes mains se mirent à trembler.

J'ai entendu le hurlement de sirènes, que je reconnaissais comme étant celles de la police. C'était Moss. Une centaine de ses hommes, protégés par cinq véhicules blindés, ont pris position devant le consulat. On lui a ouvert les grilles et il a pénétré dans l'édifice.

Ma conversation avec lui est encore fraîche dans ma mémoire. Derrière la vitre pare-balles qui nous séparait de lui, Moss ne décolérait pas :

— Danièle, sors d'ici immédiatement. Tu n'as rien à faire dans ce consulat. C'est moi et moi seul qui vais en assurer la sécurité. Si tu ne quittes pas les lieux sur-le-champ, je vais t'en sortir, et par les cheveux s'il le faut !

Il était furieux.

— Je ne vais nulle part. Je reste ici avec Barbara. Je sais que tu vas me protéger, et c'est ma seule garantie pour que tu la protèges aussi. Pas question que je sorte !

Ma réponse a été sans appel. Le siège a alors commencé. Il a duré sept heures.

J'étais comme une lionne en cage. Comme cela m'arrive souvent, j'étais dans un état second parfaitement contrôlé. Ces sept heures ont été empreintes de crainte, de regards furtifs. Nous tentions, Barbara, John et moi de nous encourager mutuellement. Je pensais à ma famille. Le téléphone avait été coupé. Je n'avais aucun moyen de rejoindre les miens. Quand on est dans cet état, on ne réalise pas vraiment ce qui se passe. C'est l'adrénaline qui prend le dessus.

Les milliers de manifestants qui grondaient leur colère en brandissant le poing se sont heurtés au barrage policier érigé par Moss. La brigade antiémeute est parvenue tant bien que mal à les contenir. Nous étions sains et saufs. J'avais beaucoup d'estime pour Barbara et je voulais simplement la protéger. Ce jour-là, notre relation a pris une tout autre dimension.

J'ai réalisé après coup que ce que j'avais fait était très dangereux et lourd de conséquences, et que cela aurait pu affecter ma famille. Mais je demeure convaincue que, si je n'avais pas agi ainsi, la situation aurait probablement dégénéré. Barbara et moi n'avons plus jamais parlé de cet événement. Mais cet épisode nous a liées à jamais. On a beaucoup appris l'une de l'autre ce jour-là.

La confiance de Barbara m'était définitivement acquise et elle m'a alors donné une mission qui m'a valu une des plus hautes distinctions du Département d'État américain.

Un beau matin, elle a déposé sur mon bureau un volumineux dossier en me disant :

— Danièle, ce dossier est aussi important qu'exceptionnel pour nous. Contrairement à notre politique, nous allons pour la première fois agir pour des compagnies privées. Le gouvernement algérien doit encore plusieurs millions de dollars à deux entreprises américaines, pour des livraisons de marchandises qui ont bel et bien été effectuées. Malgré l'intervention de six avocats pendant sept ans, ces entreprises ne parviennent toujours pas à se faire payer. Il nous faut trouver la preuve que ces marchandises sont bien entrées en Algérie. On s'impatiente à

Washington. Je dois dire au Département d'État que nous avons tenté quelque chose. Je te confie ce dossier. Arrange-toi pour trouver une solution au plus vite.

Et elle a tourné les talons sans même attendre ma réponse.

J'étais assommée par le montant de la dette et par la complexité du dossier qu'elle venait de me confier. Je crois avoir regardé cette masse de paperasse pendant plus de deux heures avant de m'y plonger. Je me sentais terriblement seule. Examinant les premières feuilles, j'ai remarqué que certaines parties du texte avaient été noircies. Impossible de savoir de quelles marchandises il s'agissait.

Constatant le peu d'information dont je disposais et le calibre des avocats responsables du dossier, je me suis empressée d'aller retrouver Barbara dans son bureau :

— Barbara, ce dossier est impossible à résoudre. Ça dépasse mes compétences.

Elle a posé son regard sur moi et j'ai vu qu'elle n'était pas contente.

— Pourquoi ? As-tu au moins essayé de faire quelque chose ? Impossible n'existe pas ! Je veux que tu commences immédiatement.

Chère Barbara. J'ai appris à composer avec cette femme extraordinaire. Si au travail nous nous comportions comme de vraies professionnelles, chacune à sa place, dès 18 heures nous redevenions des amies, et une grande complicité nous rapprochait. Peut-être parce qu'elle ne pouvait pas avoir d'enfant, elle était littéralement tombée amoureuse des miens. Je les emmenais régulièrement chez elle et elle venait au moins une fois par mois à la maison pour les retrouver et respirer un peu leur joie de vivre.

Cette relation privilégiée prenait toujours le dessus sur un éventuel découragement de ma part. Je me suis replongée dans le dossier, fermement décidée à mener à bien la lourde tâche qu'elle m'avait confiée. J'ai analysé la situation et me suis mise à... mon téléphone. Il m'a fallu quatre mois pour remonter toutes les filières menant à ce fameux document manquant, qui n'était ni plus ni moins qu'une preuve de dédouanement. Après de nombreuses investigations, je me suis rendu compte que personne en Algérie ne s'opposait vraiment au paiement des sommes dues pour quelque raison politique ou stratégique que ce soit. Les avocats avaient probablement cru à cette hypothèse et ils s'étaient trompés. À moins qu'ils aient volontairement donné à ce dossier une complexité qui leur permettait de gonfler leurs honoraires. Non, tout ce qu'il manquait était un simple papier prouvant que la livraison avait bel et bien été effectuée.

Ni les hauts fonctionnaires, ni le gouverneur, ni le ministre n'avaient su que faire de cette fausse patate chaude. À force de persévérance et sous la pression exercée par Barbara, j'ai fini par avoir l'idée d'appeler tous les services douaniers du pays. Personne ne m'a été d'un grand secours, jusqu'à ce que je tombe sur un préposé qui prétendait avoir dans ses dossiers le document que je cherchais. Il m'a cependant fait comprendre que, par peur de représailles, il ne le mettrait jamais à ma disposition. Impossible de baisser les bras en étant si près du but. J'ai tenté de le convaincre en le prenant par les sentiments et en lui rappelant nos valeurs :

— Écoutez, j'ai vraiment besoin de votre aide. C'est une question d'honneur. Ce n'est pas correct qu'un pays comme le nôtre ait une réputation de mauvais payeur. Ce document me permettra de prouver le contraire. Vous devez agir en patriote et me le remettre.

Après lui avoir juré qu'il ne serait jamais victime de représailles et qu'il ne subirait aucune conséquence, même s'il hésitait, il me l'a envoyé.

Au consulat général, à l'ambassade à Alger aussi bien qu'au Département d'État à Washington, on m'a félicitée. J'ai été nommée l'employée FSN (Foreign Service National) de l'année par le Département d'État. J'aurais bien échangé ça contre 1 % des sommes récupérées, mais je me suis contentée de ma fierté. J'avais réussi à satisfaire les attentes de Barbara.

Je dérangeais beaucoup de monde. J'ouvrais de plus en plus de portes qui n'avaient été jusque-là même pas entrouvertes. Du côté algérien, on se demandait comment j'arrivais à venir à bout de certains dossiers parfois épineux. Et quelle n'a pas été ma surprise d'apprendre de la bouche de Barbara que, quelques années auparavant, même le consulat m'avait mise sous surveillance.

Sans que je m'en aperçoive vraiment, on me testait régulièrement. Quelquefois, on faisait exprès de me laisser seule dans l'édifice et on épiait mes allées et venues en vérifiant par caméra si je n'allais pas fouiller dans un bureau ou l'autre afin de récolter de l'information pour les Algériens qui, en échange, auraient pu me rendre certains services.

J'étais assise sur une bombe. J'étais espionnée par les uns et les autres 24 heures sur 24. Je ne me suis jamais rendu compte que tous ces gens se méfiaient de moi. Ce n'est que quelque temps plus tard que j'ai compris que les Algériens m'avaient aussi mise sur écoute. Les fameux petits grésillements sur ma ligne étaient devenus trop évidents. J'avais l'impression que tous mes rêves s'évanouissaient. Que tout ce que j'avais accompli et qui faisait ma fierté se retournait contre moi. De plus, je vivais ces intrusions dans ma vie privée et professionnelle comme un véritable viol. J'avais de la peine et j'en ai parlé à Ahmed. Il a tenté de me réconforter, mais je sentais sa colère. Il m'a rappelé qu'il m'avait prévenue. Nous devions en assumer les conséquences.

Je n'en revenais pas, moi qui voulais tout simplement faire au mieux mon travail. J'aurais voulu porter plainte. Mais à qui ? J'étais dans une impasse. Et j'étais loin d'en être sortie.

Un soir en quittant le bureau, j'ai aperçu une Peugeot 505 noire garée juste devant ma voiture. Sans contredit, il s'agissait d'une voiture gouvernementale. Je me suis demandé ce qu'elle faisait là. Au moment de monter dans mon auto, deux hommes sont sortis de la 505 et m'ont ordonné de les suivre dans leur véhicule. La voix tremblante, j'ai voulu savoir ce qui se passait. On m'emmenait au bureau du wali, un homme plus puissant que le maire et en lien direct avec le président.

Pendant quelques instants, j'ai pensé que ma vie s'arrêterait là. Qu'allait-il m'arriver ? Ma famille commencerait à s'inquiéter d'ici peu, moi qui étais réglée comme une horloge au moment de rentrer à la maison. Et Barbara ? S'était-elle aperçue de quelque chose ? Pour la première fois de ma vie, j'ai eu conscience de ce que voulait dire le mot «peur». Il régnait un silence glacial dans la voiture.

Plus que jamais, je me sentais étrangère. M'aurait-on traitée ainsi si je n'avais pas travaillé pour le Département d'État américain, si ma mère n'avait pas été Juive, si mon mari n'avait pas été un ex-haut fonctionnaire ? Ça se bousculait dans ma tête.

On m'a fait entrer dans le bureau du wali. Une immense pièce au fond de laquelle il était confortablement installé dans un large fauteuil de cuir. Au mur, juste au-dessus de sa tête, la photo du président Chadli Bendjedid prenait soudainement une tout autre dimension. En me dirigeant vers le wali, un parcours qui m'a semblé interminablement long, j'ai remarqué qu'il avait des yeux bleus perçants et un corps athlétique. Presque un bel homme.

J'ai eu peine à me rendre jusqu'à lui tellement mes genoux tremblaient. Il fumait un cigare, installé devant la très belle table, aussi en cuir, qui nous séparait. Je me suis assise devant lui. Il me dévisageait. Bravant la peur qui me tenaillait, je lui ai demandé avant même qu'il ouvre la bouche :

— Monsieur, pouvez-vous me dire ce que je fais ici ?

Je l'ai regardé droit dans les yeux. C'était mon unique défense. Il a soutenu mon regard et m'a demandé avec un sourire cynique :

— Comment allez-vous, madame Mahieddine ?

Il avait volontairement employé le nom Mahieddine au lieu de Henkel.

— Vous êtes femme d'un Algérien, avec des enfants Algériens et vous êtes, à mes yeux, Algérienne.

Le nom Henkel n'existait pas pour lui. Il voulait me faire comprendre l'importance de cette rencontre en tant qu'Algérienne travaillant pour les Américains.

— Monsieur le wali, je ne pense pas que vous m'ayez fait venir ici pour prendre de mes nouvelles. Pouvez-vous me dire ce que je fais ici ?

— C'est moi qui pose les questions. Dites-vous que, pour le moment, vous êtes chanceuse d'être dans mon bureau et pas ailleurs.

— Ah oui ?

— Votre mari était un haut fonctionnaire ?

— Oui.

— Et vous, quel genre de travail faites-vous au consulat des États-Unis ?

— Je suis conseillère économique et chargée du protocole.

— Vraiment ? Décrivez-moi ce que vous faites exactement. Allez, racontez-moi.

J'avais le souffle court. L'interrogatoire avait commencé. Allais-je être torturée ?

— Sérieusement ? Je délivre des visas, je m'occupe du protocole du consul général, j'organise des réceptions. D'ailleurs, vous n'êtes jamais venu… ai-je dit en essayant d'être drôle.

Ignorant ma remarque, il a poursuivi :

— Que faites-vous d'autre ? Avez-vous accès à des documents, à de l'information ?

— De quoi parlez-vous ?

— Je ne sais pas. À vous de me le dire.

Prenant mon courage à deux mains, j'ai essayé de renverser la situation.

— C'est à moi de vous poser une question. Pourquoi me demandez-vous tout cela ? Ça fait des années que vous m'avez mise sur écoute 24 heures sur 24. Vous savez tout de moi. Est-ce que nous avons fait quelque chose d'illégal, moi ou mon mari ? Si tel était le cas, je crois que je ne serais pas ici, mais en prison. Alors dites-moi pourquoi je suis ici.

Il a répondu directement à ma question.

— Je veux savoir comment vous réussissez à ouvrir toutes ces portes. Et je veux aussi vous dire qu'il serait temps que vous calmiez un peu vos ardeurs.

— Mais quelles ardeurs ? Tout ce que je fais, c'est mon travail. Je crée des liens économiques, culturels et académiques entre l'Algérie et les États-Unis. Je ne fais pas de politique et vous le savez très bien.

Imperturbable, il a continué l'interrogatoire.

— Recevez-vous des cadeaux?

— Non. Je suis bien payée, c'est tout. Vous devez probablement connaître mon salaire.

Il a gardé le silence quelques instants.

— Et si je vous demandais de quitter cet emploi?

Je ne sais pas encore aujourd'hui où j'ai pu trouver la force de lui répondre.

— Monsieur le wali, si j'avais trouvé un autre emploi que celui que j'occupe, au même salaire et aussi près de la maison, je l'aurais pris. Si vous me proposez demain matin les mêmes conditions de travail, écoutes téléphoniques en moins, je viendrai! Ce qui compte pour moi, monsieur le wali, ce sont mes enfants, leur éducation et leur sécurité. Je ne démissionnerai pas si vous n'avez rien de mieux à me proposer.

Il s'est levé calmement, s'est assis sur un coin de la table, l'air pensif, et il m'a fixée droit dans les yeux:

— Vous êtes comme on me l'avait dit: digne, tenace et honnête. M. Mahieddine peut être fier de vous. Rentrez rejoindre vos enfants.

On n'a pas eu à me le répéter deux fois. J'avais eu tellement peur. Mes vêtements me collaient à la peau tellement je transpirais. Je me suis précipitée vers la porte derrière laquelle les deux hommes qui m'avaient amenée m'attendaient. Ils m'ont raccompagnée en auto. Pendant le trajet, l'ambiance était toujours aussi glaciale. À tel point que je me demandais s'ils allaient réellement me ramener à ma voiture. J'avais encore les entrailles nouées. Toute cette mise en scène à la Costa-Gavras avait duré quelques heures. Quand je suis rentrée à la maison, tout le monde pleurait de soulagement. Tous se demandaient où j'étais passée. On avait remarqué que ma voiture était restée devant le consulat et que je n'étais nulle part aux alentours. Barbara, qui avait été alertée, était elle aussi folle d'inquiétude. Je pleurais. Mes larmes avaient autant le goût de la peur que celui de la victoire. Quand j'ai vraiment réalisé ce qui aurait pu se passer, je me suis mise à trembler et à vomir.

Je n'ai pas dormi. Je devais prendre une décision. Ce que je faisais avait pris des proportions intenables et je courais involontairement beaucoup trop de risques. Allais-je continuer à occuper cet emploi avec ce que je venais de subir ?

J'ai décidé de rentrer au travail le lendemain et de tout raconter à Barbara, y compris mon questionnement et les doutes qui m'envahissaient. Elle m'a écoutée, m'a fait comprendre que tout ce que je venais de vivre — l'écoute électronique, la méfiance à mon endroit, les interrogatoires — était des épreuves très formatrices et que je les avais réussies haut la main. Elle me laissait choisir mon avenir, mais, selon elle, il fallait que je continue.

C'est ce que j'ai fait, en m'investissant encore plus. J'ai décidé de poursuivre. Comme l'aurait fait maman dans ses années fastes, j'ai continué à cultiver mes relations. J'ai même fait du wali, de sa femme et de ses enfants des amis de ma famille. Maman les recevait à la maison. Nous étions toujours tous présents, Ahmed, les enfants, mon frère et ma belle-sœur. Tout le monde était réuni autour de la table pour de succulents repas amoureusement préparés par maman. La bonne humeur était toujours de mise, et une grande gaieté régnait dans la maison pendant qu'à l'extérieur la limousine attendait le wali et son épouse.

Ahmed réussissait tant bien que mal à tirer son épingle du jeu dans l'élevage de poulets. Le cœur n'y était pas vraiment, mais les dettes avaient cessé de s'accumuler, et il pouvait maintenant contribuer un peu plus aux finances de la famille. Les choses semblaient s'apaiser et un calme relatif régnait, même si je commençais à sérieusement douter que ce mot puisse faire partie de mon vocabulaire.

L'année 1988 a été le théâtre de nouveaux soulèvements du peuple algérien, qu'on a appelé les « événements du 5 octobre » et qui ont plongé le pays dans une grande instabilité économique et politique. Dans les principales villes d'Algérie — Alger, Annaba, Constantine et, bien sûr, Oran —, la foule manifestait pour protester contre les conditions de vie exécrables qui lui étaient imposées. Les affrontements étaient violents, et l'armée avait même ouvert le feu sur les manifestants. Le président et le FLN sont entrés en conflit. Il s'est attisé avec l'arrivée en scène des syndicats, des factions de gauche et de droite ainsi que des organisations religieuses. Les édifices publics et les magasins de l'État étaient attaqués et pris d'assaut. La situation devenait plus explosive que jamais. Il y a eu des centaines de morts.

C'est à cette époque que Barbara, appelée à de nouvelles fonctions, a quitté le consulat général. Je m'étais préparée à cette éventualité, mais son départ a laissé un grand vide dans ma vie. Trop d'événements, d'émotions et de complicité nous avaient réunies. Cette femme exceptionnelle est morte tragiquement alors qu'elle était en poste à Téhéran, à titre d'ambassadrice. En 1993, la capitale de l'Iran a connu de nombreux soulèvements meurtriers. Lors de l'un d'entre eux, elle a dû être évacuée d'urgence de l'ambassade. L'hélicoptère qui devait la conduire vers un endroit sécuritaire n'était pas identifiable. Il a été atteint, par erreur, par un missile tiré par de jeunes soldats américains. Tous ses occupants ont perdu la vie. Après la tristesse ressentie lors de son départ du consulat, sa disparition m'a plongée dans une immense peine. Nous avions partagé tant de bons et de mauvais moments. Elle occupait une grande place dans ma vie surtout à cause des liens qu'elle entretenait avec ma famille.

Au printemps 1989, la nouvelle constitution algérienne a été votée. Elle a changé radicalement le climat politique du pays. On a annoncé des réformes sociales et économiques en profondeur, sur fond d'intégrisme religieux.

Oran n'était plus la même. Je ne voulais pas de cette vie pénible et injuste qui s'annonçait et que je déchiffrais encore mal, mais un très mauvais pressentiment m'avait envahie. J'entrevoyais le pire. Ce n'était pas la vie que j'espérais, tant pour moi que pour les miens. Prise d'angoisse, j'ai très vite ressenti cette désagréable impression de commencer à manquer d'air. J'ai compris qu'il fallait que nous partions. Nous n'avions plus notre place ici, je ne m'y sentais plus bien.

Mais quitter l'Algérie n'était pas si simple. Et pour aller où ? Au Maroc ? C'était du pareil au même. En France ? Avec la mauvaise image qu'y avaient les Arabes ? Certainement pas.

J'ai commencé par parler de mes intentions à Ahmed qui, fidèle à lui-même, m'a conseillé d'y réfléchir calmement. Il s'agissait d'une décision importante et d'un véritable bouleversement dans notre vie. Je suis persuadée qu'il agissait de la sorte en espérant que j'abandonne cette folle idée, tant elle était lourde de conséquences. En fait, il était franchement contre. Essayant peut-être de me convaincre moi-même, je ne cessais de lui répéter que ma décision était prise. Je n'y avais pas vraiment réfléchi en détail et je ne savais même pas par où commencer. Seul l'instinct me guidait. Partir était tout ce qui m'importait.

Ahmed ne m'a été d'aucun secours dans ce projet. Il me demandait toujours :

— Mais qu'est-ce que tu vois de si grave dans ce pays ? Es-tu devin ?

Il a usé de toute une série d'arguments pour tenter de me dissuader. Une fois, il m'a même menacée de ne pas partir avec moi et de refuser que les enfants émigrent. Il en avait le droit.

Un jour que nous étions chez mon beau-père et que les enfants s'amusaient à l'extérieur, j'ai fait part de mon projet à celui-ci devant Ahmed qui a été pris au dépourvu.

— Papa, il faut que je te parle pour le bien de tes petits-enfants. Ce n'est plus pareil en Algérie.

Il me connaissait. Il savait très bien que je ne parlais pas pour ne rien dire et que mes paroles n'étaient pas insignifiantes. Quelque peu déstabilisé par cette annonce, il m'a répondu :

— Que veux-tu dire ? Où veux-tu aller ?

— Au Canada. À Montréal.

L'année précédente, j'avais participé à un séminaire de la diplomatie internationale à Montréal. Je n'y étais restée que quelques jours, mais la ville m'avait plu. J'aimais la convivialité et la simplicité de cette métropole à échelle humaine où, pour la première fois, je ne me sentais pas jugée. Le Canada, un pays calme, libre. Si un jour je devais quitter l'Algérie, m'étais-je dit, j'aimerais m'y installer…

Voilà pourquoi j'avais instinctivement annoncé le Canada. Il faut dire que, sans en parler à qui que ce soit dans la famille, j'avais obtenu qu'un poste me soit offert au consulat à Montréal. C'est l'ambassadeur lui-même, que je connaissais bien, qui était intervenu en ma faveur, et avec beaucoup d'éloges.

— Mais c'est à l'autre bout du monde, m'a dit papa. Tu vas emmener mes petits-enfants si loin ?

Il m'arrachait le cœur. Ahmed est alors intervenu :

— Papa, on ne va nulle part.

Et un silence qui m'a paru une éternité s'est installé. Mon beau-père a regardé son fils, puis moi à nouveau. À ce moment, je savais que les mots qu'il prononcerait seraient déterminants pour notre destin. Il a pris son chapelet musulman communément appelé sabha et a fixé son fils :

— Fais-lui confiance. C'est une bonne mère. Elle sait ce qui est mieux pour ses enfants. Fais ce que tu dois faire, Danièle. Je vous donne ma bénédiction.

Je ne savais pas trop si j'avais gagné ou si Ahmed avait perdu. J'aurais voulu que ce soit une grande aventure commune, mais il ne voulait pas envisager un projet d'une telle envergure et d'une telle charge émotive. C'était clair, il ne voulait pas partir. Au fond, c'était lui, le futur véritable déraciné. Le seul qui allait y perdre sa famille, ses relations, ses repères et même son ami Norredine, mon frère, qui nous rejoindrait toutefois au Canada un an plus tard. Ma décision était prise. Avec ou sans lui, je partirais.

Ça a aussi été un dur combat avec ma mère, qui ne voulait rien savoir non plus. Jamais l'idée de quitter l'Algérie ne lui avait ne serait-ce qu'effleuré l'esprit. Au début, elle a pensé que, si elle opposait son veto, je rentrerais dans le rang. Elle avait 74 ans et je comprenais parfaitement bien ce que cet éventuel départ pouvait représenter pour elle, mais il m'était impossible de reculer. Jamais elle n'a pu freiner mes velléités de départ.

Ce départ était devenu mon unique objectif. Isolée dans ma démarche, j'ai essayé de régler toutes les formalités administratives et douanières. Il m'a fallu plusieurs mois pour organiser complètement notre départ, mais aussi pour m'assurer de l'appui de quelques alliés.

À la fin de novembre 1989, nous avons commencé à faire les boîtes. Maman n'avait pas changé d'avis. À quelques semaines du départ, je ne savais toujours pas si elle allait émigrer. Elle avait refusé de signer quelque papier que ce soit. Chacune restait campée sur ses positions. J'avais décidé de lui confier mes trois plus jeunes enfants pendant qu'Ahmed et Linda, mon aînée, m'accompagneraient pour partir en reconnaissance. Linda aurait moins de mal à comprendre la situation que son frère et que ses sœurs plus jeunes. Cela faciliterait aussi nos déplacements et nos premières démarches, et cela nous permettrait une préparation plus efficace de ce départ définitif et malgré tout un peu précipité.

Au bout de plusieurs semaines d'angoisse et de remises en question est arrivé le jour du départ. Et si les choses redevenaient normales dans le pays ? Et si l'entreprise d'Ahmed commençait à se développer ? Il ne fallait pas que je recule. Au consulat général d'Oran, on m'avait promis un emploi si je décidais de revenir sur ma décision.

Tous ont dû se rendre à l'évidence. Ma décision était ferme et définitive. Le consul avait même fini par me rassurer en me demandant de ne pas m'inquiéter pour maman et les enfants. Ils seraient en sécurité à Oran tant et aussi longtemps qu'il le faudrait. Le consul a tenu parole, allant même jusqu'à fournir un chauffeur à maman une fois par semaine pour faire ses courses.

Mais cela n'empêchait pas que j'allais vivre un moment particulièrement déchirant. Le 8 janvier 1990, j'empoignais mes valises. Nous emportions aussi quelques malles contenant un minimum d'objets de nécessité. Accompagnée de mon mari et de ma fille aînée, j'ai enfin pris la route de l'aéroport. Je ne voulais pas que maman et les enfants nous y accompagnent. C'était trop dur. Amel, Nawel et Kader étaient très tristes de nous voir ainsi partir et de se séparer de leur grande sœur.

Ils n'avaient aucune notion de la durée ni de la distance qui nous éloigneraient. Heureusement.

— Et s'il fallait que ce soit la dernière fois que je les voie ?

Seul mon beau-père, en larmes, nous a accompagnés pour le grand départ. Arrivée à la police frontalière, j'ai présenté les passeports de tout le monde. On a vérifié nos bagages et on m'a demandé où nous allions.

— À Montréal.

— Au Canada ? Mais pourquoi au Canada et pour combien de temps ? Vous avez beaucoup de bagages à ce que je vois.

— Trois mois, peut-être plus. Je veux aller voir ce qui s'y passe.

— Vous quittez le pays ?

— Je vais en reconnaissance.

Je voyais le visage d'Ahmed qui s'assombrissait. Loin derrière, mon beau-père qui ne nous quittait pas des yeux avait l'air de se demander ce qui se passait. Les choses se corsaient. On n'avançait plus.

C'est alors que j'ai vu arriver deux messieurs à l'allure très officielle. Ils ont eu une brève discussion avec les deux policiers de la frontière, qui ont changé de ton immédiatement.

— Vous pouvez y aller, madame. Faites un bon voyage avec votre famille.

Cette main salvatrice qui venait de me permettre de continuer ma route était cette fois celle du wali. Il s'était chargé de faciliter mon départ. Plus encore, il était sur place, en retrait avec mon ami Moss, pour veiller à ce que tout se passe bien.

J'aurais tellement voulu faire demi-tour pour serrer une dernière fois mon beau-père dans mes bras et pour remercier mes bons amis. Mais c'était impossible.

Et nous sommes montés dans l'avion, espérant un avenir meilleur.

Cet avenir m'a donné 1000 fois raison d'avoir eu le courage de faire ce geste. Jamais je ne l'ai regretté. Dès 1991, l'Algérie s'est trouvée aux prises avec de nouvelles séries d'affrontements sanglants, et la répression a repris de plus belle. Je n'ose imaginer ce que nous serions devenus.

Est-ce que le fait d'être une apatride de cœur m'a permis de prendre plus facilement cette décision ? Est-ce que cette confiance en moi, qui s'est véritablement révélée dans les années 1980, et ces succès professionnels m'avaient permis de mener à terme un tel projet ? Je ne sais pas. Probablement que ces facteurs ont été déterminants. Mais au plus profond de moi, je reste persuadée que c'est l'instinct de survie, la recherche de sécurité pour ma famille et le goût de vivre qui m'ont donné l'énergie nécessaire pour passer à l'action et pour vaincre l'adversité.

Ma vie d'émigrante allait commencer. Je le savais. Celle de véritable chef de famille, je m'en doutais. Celle de femme d'affaires, jamais. Et maman dans tout ça ?

Mirabel : l'arrivée au Canada

~

Il n'est pas vrai que la ligne droite soit toujours le plus court chemin.
Doris Lessing

Nous sommes arrivés à une heure du matin, sans nos bagages, égarés quelque part. Dehors il neigeait et ventait. Les fenêtres étaient recouvertes de givre. Je n'avais jamais vu ça.

J'avais le cœur lourd et ne cessais de penser à mes enfants et à maman, qui n'étaient pas là. Cette profonde déchirure me brûlait le cœur, me consumait.

Pourtant, il n'y avait place pour aucun épanchement en ce moment de formalités. Nous avons fait la file à la douane et nous nous sommes présentés à une agente d'immigration. J'étais à gauche, Linda au milieu et Ahmed à droite. Après nous avoir souhaité la traditionnelle bienvenue au Canada, sans même nous regarder, elle a commencé à poser des questions dans une langue qui m'était pratiquement inconnue. C'était pourtant du français, mais avec un accent qu'il m'était encore impossible de comprendre. C'était une anglophone.

— Vos papiers. Vous arrivez d'où ? Vous vous installez ici ? Et la petite, est-ce qu'elle a une école ? Vous allez habiter où ? Chez des amis ? Monsieur, avez-vous un emploi ?

113

Répondre à toutes ces questions? Encore! Nous étions fatigués, désemparés, perdus. Nous avions froid, et le moindre signe d'une éventuelle suspicion faisait naître en nous ce sentiment de panique trop souvent éprouvé en Algérie.

L'agente d'immigration s'est adressée à ma fille un peu plus gentiment:

— Quel âge as-tu? Est-ce que tu as hâte d'aller à l'école?

Linda est restée sans mot. En Algérie, les adultes ne s'adressent pas directement aux enfants, ni même aux adolescents, du moins de façon officielle. Elle ne savait quoi répondre.

— Donc vous ne savez pas où vous allez habiter?

Et elle m'a tendu un plan. Je crois qu'elle avait déjà saisi que c'était moi qui comprenais le mieux son accent.

Après y avoir jeté un coup d'œil, j'ai répondu:

— Nous voulons être en ville.

— Une idée du quartier?

— Non, aucune idée.

C'est alors qu'elle m'a tendu sa carte professionnelle. Elle s'appelait Victoria et était agente d'immeubles chez Royal LePage.

Je savais bien ce qu'était un agent immobilier, mais je ne savais pas qu'au Canada les agents d'immigration en étaient! Je l'ai regardée, éberluée. Je me demandais si nous n'allions pas être victimes d'une arnaque. Au Canada? Je ne m'y attendais pas.

Je lui ai rendu sa carte.

— Non, madame, nous n'avons pas besoin d'un agent. Nous n'avons pas les moyens de nous en payer un. Vous pouvez être agente d'immigration et agente d'immeubles en même temps?

— Je fais ça à temps partiel, a-t-elle répondu.

Pas vraiment convaincue, j'ai poursuivi:

— Je comprends, mais non, je vous remercie. Nous ne cherchons pas à acheter de maison et, de toute façon, nous n'en avons pas les moyens.

J'y allais avec précaution. Je ne voulais pas indisposer la dame. Dieu sait les conséquences que cela pourrait avoir.

— Vous ne comprenez pas, a-t-elle continué. Voici ma carte. Je veux tout simplement vous offrir mon aide. Voici ce qu'on va faire. Vous avez perdu vos bagages, alors je vais tout de suite vous donner les coordonnées d'un hôtel, vous allez vous y reposer. Demain, je vais vérifier ce qui s'est passé et, quand on aura retrouvé vos effets, je vous appellerai et j'irai vous chercher. On ira récupérer vos bagages et, ensuite, je vous emmènerai faire le tour de certains quartiers de Montréal qui pourraient vous intéresser. D'accord ?

Cette petite femme d'une cinquantaine d'années, aux cheveux noirs coupés court, avait l'air sincère. Mais j'étais dans la brume et je n'étais pas particulièrement perspicace et éveillée. Je ne me fiais pas vraiment à cette première impression.

Ahmed avait l'air totalement dépassé par les événements. Dans quoi étions-nous en train de nous embarquer ? Probablement trop fatiguée, je me suis contentée de répondre :

— Très bien, merci beaucoup.

Et nous nous sommes rendus en taxi à l'hôtel situé sur une rue au nom anglophone : Sherbrooke.

Dès 11 heures le lendemain, le téléphone sonnait dans notre chambre. Victoria était en bas et nous attendait. La tête nous bourdonnait encore de tous ces déplacements vécus depuis 24 heures. Pas vraiment remis du voyage et encore chamboulés par tous ces bouleversements, nous étions intrigués et franchement inquiets de nous laisser ainsi entraîner par la première venue. Nous sommes quand même montés dans sa voiture. Avait-on vraiment le choix?

Elle nous a souri gentiment. Je lui ai rendu la pareille. J'étais encore méfiante. Mais je me rabattais sur le fait qu'elle était tout de même agente d'immigration, donc une «officielle» censée appliquer les lois et les respecter.

Elle nous a expliqué que nos bagages avaient été retrouvés et qu'ils nous seraient livrés dans la journée. Elle a entrepris de nous enseigner les rudiments de la vie à Montréal et nous a fait faire le tour des différents quartiers, pour finalement nous emmener à Outremont. Quand elle voyait une affiche indiquant qu'il y avait un logement à louer, un deux et demie ou un trois et demie, elle s'arrêtait, descendait de voiture et vérifiait si nous pouvions le visiter. Si c'était le cas, nous entrions dans des lieux qui me semblaient étrangement aménagés, totalement différents de ceux que nous avions habités toute notre vie. Les images se bousculaient dans ma tête. Nous avons fait une petite pause pour manger un sandwich. C'est elle qui a payé l'addition.

Malgré tous ses efforts, je n'en demeurais pas moins inquiète. Plus on avançait, plus je me demandais pourquoi elle faisait tout ça.

Je n'en pouvais plus. Je lui ai demandé de s'arrêter un instant:

— Victoria, pourquoi faites-vous ça? Qu'attendez-vous de nous? Nous n'avons pas beaucoup d'argent, vous savez.

Elle m'a répondu d'un air rassurant:

— Je le fais pour rien! La nuit passée, j'ai rencontré des gens et j'ai eu envie de les aider. C'est tout.

Un nouvel ange venait d'arriver dans ma vie. Elle a redémarré aussitôt. À la fin d'une journée éreintante, il nous restait un appartement à visiter. Un quatre et demie, situé au sous-sol

d'un immeuble de 15 logements, dans la rue Bernard à Outremont, tout près du Bilboquet, un comptoir glacier qui était
fermé en cette saison.

Le logement qui avait été habité par des étudiants venait de
se libérer. Après une visite rapide, nous avons demandé le prix.
La concierge, une petite femme boulotte et sympathique, avec
un défaut de langue, nous a annoncé :

— Cinq cents dollars par mois, sans chauffage.

Il fallait payer le chauffage ? Mon Dieu que j'avais des
choses à apprendre.

Je savais qu'un emploi m'attendait. Après avoir consulté
Ahmed et Linda, j'ai indiqué à Victoria que nous étions
d'accord pour le prendre.

Ce n'était pas si simple. Il fallait signer un bail et nous
n'avions que nos passeports et une lettre de recommandation à
l'intention du consulat des États-Unis. La concierge ne pouvait
pas nous accepter sans que nous ayons un compte bancaire, un
numéro d'assurance sociale ou encore un permis de conduire
canadien.

C'est alors que Victoria m'a surprise une fois de plus, en se
proposant comme signataire. Elle se portait garante !

— Non, ai-je dit. Je ne peux pas accepter. Allons voir ailleurs.

— Madame Henkel, a-t-elle répondu, ça va être la même
chose partout. Laissez-moi faire, on va trouver des solutions. Si
vous attendez d'avoir des papiers en règle, ça va prendre des
mois.

Ça, je le comprenais. Chez nous, c'étaient des années.

Elle a poursuivi :

— Je ne m'inquiète pas. Je vous fais confiance. Mais il va
falloir que vous vous dotiez d'une carte de crédit. Que votre
crédit soit reconnu.

Comment ça, s'endetter ? Au Canada, il fallait avoir des dettes pour être reconnu ?

À contrecœur, j'ai accepté sa proposition et nous avons loué notre premier appartement dans la rue Bernard. Quel beau geste ! Qui était cette Victoria ?

La première chose à laquelle je me suis attelée a été le nettoyage de l'appartement. Comme maman, j'ai toujours été maniaque de propreté. Avec l'aide de Linda et d'Ahmed, il m'a fallu deux bonnes journées pour tout récurer. Nous avons disposé autrement les quelques meubles dans l'appartement qui brillait maintenant comme un sou neuf, y compris le couloir commun que je m'étais chargée de passer à l'eau de Javel. Du coup, j'étais devenue la grande amie de la concierge, qui trouvait que ça sentait bon chez nous et à qui j'épargnais quelques travaux de nettoyage. C'est dans la rue Bernard, quelques jours seulement après avoir emménagé, que j'ai fêté mon trente-quatrième anniversaire. Ahmed a improvisé un repas, et Victoria a apporté un gâteau que nous avons partagé et mangé sur des boîtes de carton.

Je pleurais comme une Madeleine en pensant au reste de ma famille. Ils étaient tous si loin de moi. Et maman viendrait-elle un jour nous rejoindre ?

Victoria m'a aidée à ouvrir un compte à la banque qui avait une succursale dans ma rue et à inscrire Linda à l'école publique Paul-Gérin-Lajoie. Mon choix s'était d'abord porté sur un établissement privé, le collège Stanislas, mais Linda n'était pas à l'aise avec cette idée. Elle trouvait que ça me coûtait trop cher. Moi, je redoutais l'école publique. Pour me rassurer, Linda m'a expliqué que je pouvais lui faire confiance, car elle connaissant parfaitement la différence entre le bien et le mal, telle que je la lui avais enseignée.

Je constatais à quel point j'étais mal préparée à émigrer !

Pour éviter de me laisser envahir par des pensées trop déprimantes, je savais qu'il fallait que je bouge. Je me suis inscrite dans une salle de gym de l'avenue Van Horne et je m'y suis rendue régulièrement. Cette dépense d'énergie était loin d'être du luxe. Elle me permettait de prendre des décisions éclairées. Une semaine après mon arrivée, je me présentais au consulat des États-Unis de Montréal avec mes lettres de recommandation.

J'ai été déçue. Tout ce qu'on avait à m'offrir était un poste à la délivrance des visas. Non, merci !

J'ai refusé poliment en remerciant le consul. Ce n'est qu'une fois à l'extérieur que j'ai compris que je venais de refuser le seul emploi sur lequel je comptais.

Il me fallait maintenant en trouver un qui me ferait avancer, dans un pays dont je ne connaissais rien. Sans aucune relation et affublée d'une image d'immigrante toujours un peu pénalisante. Tout un défi !

Maman, Nawel, Kader et Amel me manquaient terriblement. Je leur parlais au téléphone tous les jours. Ces conversations qui me réconfortaient un peu contribuaient largement à amenuiser mon nouveau compte bancaire qui fondait comme neige au soleil à coups d'interurbains.

Malgré ce vide émotif, il n'était pas question que je baisse les bras ou que je laisse tomber. Comme si le fait d'avoir été abandonnée par mon père m'avait forgé un caractère de battante.

Je me suis donc familiarisée avec les rouages de la recherche d'emploi au Canada. Ahmed faisait de même. Comme il était ingénieur, qu'il avait travaillé pour l'Organisation mondiale de la santé, poste qu'il avait obtenu après avoir été recruté parmi les meilleurs spécialistes dans son domaine, on vivait dans l'espoir qu'il trouve rapidement un travail. Nous avions des économies qui nous permettraient de tenir un certain temps, mais nous voulions stabiliser notre situation avant l'arrivée du reste de la famille.

J'ai commencé à consulter les annonces dans les journaux. J'ai fait différentes démarches. Je me présentais avec mon CV et ma bonne volonté. Il y avait longtemps que je n'avais eu à me vendre. Je m'étais confortablement installée dans l'emploi que j'avais occupé pendant plus d'une décennie à Oran.

Un jour, je me suis présentée à une entrevue pour un poste temporaire de secrétaire au Service enfance, jeunesse et famille d'un CLSC du nord-ouest de Montréal. Ça n'avait pas été simple de m'y rendre, car je m'étais foulé la cheville quelques jours avant. Heureusement, Victoria, encore une fois, m'avait accompagnée.

Comme il s'agissait d'un contrat à durée déterminée et que j'ai vite compris que trouver un emploi à la hauteur des mes aspirations prendrait du temps, je me suis dit que ce travail pourrait être un bon début. Je me suis avancée devant les six personnes qui devaient m'interroger, en béquilles, mais fière et droite.

Elles étaient disposées en demi-cercle et m'ont fait asseoir au centre. Les questions fusaient, et j'avais à peine le temps d'y répondre. Je me rendais compte au fur et à mesure de mon entrevue qu'elles essayaient de me déstabiliser. Je comprenais, mais je trouvais que leur comportement frôlait l'impolitesse.

Je suis rentrée à la maison un peu découragée. Le lendemain, j'ai reçu un autre appel pour un poste de secrétaire de direction dans un tout autre domaine : la lingerie fine dans le quartier Villeray à Montréal, devant le grand parc Jarry. J'avais rendez-vous avec le propriétaire de l'entreprise, que j'appellerai ici M. Jean.

Je suis arrivée à neuf heures. Moi qui ai un problème majeur d'orientation et qui ai mis des années à comprendre où étaient les rives sud et nord de Montréal, j'ai eu toutes les difficultés du monde à trouver l'endroit. Je m'étais habillée élégamment : une belle robe rouge avec un col noir assez haut, des bas noirs et de jolies chaussures rouges que j'avais réussi à enfiler malgré ma cheville. Cela me semblait de circonstance, compte tenu de l'activité de l'entreprise. M. Jean est arrivé à 9 h 10. Nous sommes immédiatement passés dans son bureau.

J'avais devant moi un petit homme pressé, aux fausses allures de dur. Un type de la vieille école, au sourire inexistant et à la mine presque militaire. Autour de lui régnait un désordre incroyable. Son bureau ressemblait à un souk.

— Bonjour, madame. J'ai regardé votre CV. Il est impressionnant. Accepteriez-vous de passer quelques tests ?

— Certainement, monsieur.

Après qu'il m'ait installée dans un local quelque peu défraîchi, qui semblait faire office de salle de conférences, et m'ait remis quelques documents à traduire, j'ai été littéralement abandonnée à mon sort. Mes tests achevés en une trentaine de minutes, j'ai attendu, attendu… Une heure, deux heures… Nul signe de vie. L'heure du lunch passée, personne n'était encore venu s'inquiéter de moi. Vers 13 h 30, j'ai pris l'initiative de m'adresser à une dame qui passait dans le couloir pour lui demander poliment si je n'avais pas été oubliée et si quelqu'un était censé venir me voir. Elle m'a répondu qu'elle allait vérifier.

Après avoir patienté jusqu'à 16 heures, sans même que l'on vienne me proposer un verre d'eau, j'ai été à nouveau conduite dans le bureau de M. Jean.

Je rageais. Je sentais sur moi tout le poids de ma décision d'avoir quitté l'Algérie. Comment pouvait-on traiter les gens comme ça ? Pourquoi me traiter ainsi ? Par manque de savoir-vivre ou tout simplement parce que je n'étais qu'une immigrante ?

Il était installé à genoux sur un siège sans dossier, probablement pour une raison ergonomique. Il avait les résultats de mes tests et une calculatrice devant lui.

— Madame, excusez-moi de vous avoir fait attendre, mais je dois partir pour la Chine incessamment et je suis en pleins préparatifs. Alors voici : étant donné que je voyage de plus en plus, j'ai besoin de quelqu'un de confiance à Montréal pour me seconder dans mes affaires. Je vous propose d'être ma coordonnatrice, mais je vous avertis, je ne suis guère habitué à collaborer avec une adjointe. Je vous offre 17 000 dollars, a-t-il dit, les yeux rivés sur sa calculatrice.

C'était un choc pour moi qui gagnais beaucoup plus en Algérie.

— Est-ce que les tests que j'ai passés sont si mauvais ? lui ai-je répondu.

— Non. Ils sont parfaits.

— Est-ce que mes références ne sont pas suffisantes ?

— Madame, a-t-il dit, vous n'avez aucune expérience canadienne.

Les lèvres pincées, j'ai senti la colère monter en moi. C'était quoi, une expérience « canadienne » ? Allait-il me faire le coup de l'aide à la pauvre immigrante… de la main tendue à une personne dans le besoin ?

— Vous m'offrez 17 000 dollars pour une expérience de travail comme la mienne ?

Il est retourné à sa calculatrice, comme s'il s'apitoyait sur mon sort.

— Je vous offre 2000 dollars de plus. Je ne peux pas aller plus haut.

— Je vous remercie, monsieur. Je vais y penser.

Il ne fallait pas que je pleure. Non… Je ne lui montrerais pas à quel point j'avais de la peine. J'ai retenu mes larmes.

— J'aurais besoin de votre réponse demain. Je pense que vous *fittez*, mais vous devez vous douter qu'il y a d'autres candidats pour ce poste.

Je l'ai salué et l'ai remercié. Je ne me souviens même plus comment j'ai fait pour me rendre jusqu'au métro Castelnau, tant la honte et la rage m'envahissaient. Je pense avoir pleuré jusqu'à mon arrivée, rue Bernard. Je me sentais humiliée. Je savais qu'il me serait difficile de trouver rapidement un travail correspondant à mes compétences, mais jamais je n'aurais imaginé que l'on puisse être déconsidéré de la sorte. Malgré un comportement on ne peut plus professionnel, des documents de présentation exemplaires, une expérience internationale et de très bons salaires en Algérie, je ne semblais avoir aucune valeur professionnelle aux yeux de ceux auprès de qui je sollicitais un emploi. Triste réalité dont je n'étais pas la seule victime et à laquelle beaucoup trop de gens sont encore confrontés.

Ahmed se heurtait à toutes sortes de difficultés dans sa recherche d'emploi. Ses diplômes n'étaient pas reconnus, et ses compétences, encore moins. On allait même jusqu'à lui conseiller de retourner sur les bancs d'école et on lui refusait la plupart du temps des entrevues, sous prétexte qu'il ne maîtrisait pas l'anglais. Il ne trouvait rien. Ça n'avançait pas pour la famille. D'ailleurs, jamais il n'a retrouvé un emploi dans le domaine du génie ou à la hauteur de ce qu'il avait accompli en

Algérie. Cela le minait. Déjà mal à l'aise avec une situation qu'il subissait contre son gré, il vivait très mal les échecs et les multiples revers liés à sa recherche d'emploi. Il se sentait terriblement dévalorisé et inutile. Il se renfermait, presque honteux, en lui-même. Je crois que cela l'a marqué à jamais et a affecté profondément notre vie de couple, qui n'y a pas survécu.

Frigorifiée, enneigée, les yeux bouffis et le nez qui coulait, c'est la peine dans l'âme que je suis parvenue jusqu'à la maison. J'étais devenue une moins que rien et je sentais à nouveau la rage monter en moi. Je me suis juré que, quel que soit mon avenir professionnel au Canada, jamais je ne traiterais quelqu'un de la sorte. Immigrant ou pas.

Linda faisait ses devoirs et Ahmed préparait le souper, tablier autour de la taille. Attristé par tant de barrières et de difficultés, il se sentait utile et trouvait un certain réconfort en s'occupant au mieux de ses femmes et de leur très relatif confort. Je réalisais qu'il fallait que je recommence à zéro, que ce que j'avais bâti là-bas n'avait pas une grande valeur ici.

Il était environ 18 heures. La sonnerie du téléphone a retenti. Ahmed a décroché et est venu me dire que l'appel était pour moi. Il ne savait pas qui c'était, mais cela avait l'air important. Je me suis empressée d'enrouler une serviette autour de mon corps pour aller répondre.

C'était le coordonnateur du Service enfance, jeunesse et famille du CLSC qui m'offrait le travail de remplacement auquel j'avais postulé. Il me demandait de me présenter le lendemain pour qu'on m'explique mes tâches. Je devais commencer quelques jours plus tard.

Comme si c'était la seule chose qui importait pour retrouver un semblant de dignité, je lui ai très vite posé la question qui me brûlait les lèvres :

— Et le salaire, c'est combien ?

— Vingt-cinq mille dollars par année, m'a-t-il dit.

Larmes de joie ou de tristesse, je ne sais plus, mais les rires se sont alors confondus avec les pleurs. Certes, ce n'était pas le pactole, mais au moins j'avais trouvé quelque chose d'acceptable. Soulagée plus qu'heureuse, j'ai appelé Victoria pour lui annoncer la bonne nouvelle. Elle n'a pas répondu. Étrange.

Cette petite avancée allait peut-être nous permettre de concrétiser nos projets et d'envisager le rapatriement de toute la famille. Même si Ahmed n'avait encore rien trouvé, ce salaire m'apparaissait un peu comme un sésame. La possibilité d'ouvrir des premières portes qui pourraient elles-mêmes déboucher sur des occasions plus intéressantes. Cette expérience d'intégration allait, bien sûr, être déterminante. Elle aurait pu avoir lieu en Suède, au Mexique ou dans n'importe quel autre pays… Là n'était pas la question. Au Canada, la situation n'est pas plus compliquée qu'ailleurs, au contraire. Mais c'est tout de même une véritable épreuve, aussi stressante que formatrice.

Ce déménagement en terre étrangère m'a fait comprendre, entre autres, l'importance du logement et du travail pour retrouver ne serait-ce qu'un semblant de dignité. Sans ces prémices fondamentales, même une estime de soi construite sur des bases solides, comme l'était la mienne, peut être fortement ébranlée. Aujourd'hui encore, je pense à tous ces gens qui vont s'installer dans un autre pays. Je pense à tous les efforts qu'ils doivent déployer pour conserver leur fierté, leur confiance, et je vois combien le simple fait d'être traité convenablement est fondamental d'une bonne intégration sociale, de la réussite, du bien-être et tout simplement de la vie.

Ma première journée de travail a été un choc. Je m'étais habillée comme lorsque je travaillais au consulat. Erreur ! J'ai vite constaté que ma tenue vestimentaire n'était pas adéquate. Je ne travaillais plus dans un consulat avec des hommes d'affaires, mais dans un CLSC d'un quartier défavorisé.

Mais cela n'était que détail par rapport à la misère que j'y constatais chaque jour. Non, je n'étais plus dans la diplomatie. Des enfants malades, des mères étrangères incapables de se faire comprendre, des femmes battues, de jeunes adolescents complètement gelés, et pas que de froid. Pas encore reconstruite et séparée de ma famille, je me sentais terriblement vulnérable à la vue de ces gens malheureux qui semblaient vouloir me rappeler, jour après jour, que nul n'est à l'abri et que tout peut arriver.

Je rentrais à la maison exténuée, incapable de partager tous ces malheurs et encore moins de me plaindre auprès d'Ahmed, toujours sans emploi, ou de Linda, que j'essayais de protéger par tous les moyens. Outre les bouleversements naturels provoqués par l'adolescence, Linda tentait, elle aussi, de s'intégrer et de comprendre les codes de cet environnement qu'elle découvrait. Je tentais jour après jour de la rassurer et de mettre en lumière les avantages de cette nouvelle vie que j'avais choisie pour elle. J'aurais bien voulu parler de ce dur apprentissage avec Victoria. Mais elle ne répondait plus. Elle avait disparu, peut-être pour toujours. Elle ne m'a jamais rappelée et je n'ai jamais su ce qui lui était arrivé ni pourquoi elle avait ainsi coupé les ponts.

Au début, j'ai tenté de la joindre chez Royal LePage, mais elle n'y travaillait plus, pas plus qu'à l'aéroport de Mirabel. Son numéro était suspendu. Elle était partie sans donner de nouvelles, sans préavis, comme sur la pointe des pieds.

J'étais très inquiète. Après un certain temps, toujours plongée dans le doute et l'incompréhension, j'ai lâché prise en conservant toutefois ce sentiment d'avoir raté quelque chose. Nous étions si proches. Elle s'était portée garante de mon bail et auprès de la banque, et j'avais respecté mes obligations à la lettre. Comment avait-elle pu disparaître ainsi?

Quelques années plus tard, j'ai eu l'occasion d'évoquer cette situation avec une amie qui m'a tout simplement dit:

— Danièle, crois-tu à la loi du retour?

— Bien sûr que j'y crois, plus que tout!

— Souviens-toi de tout ce que tu as fait pour des gens à Oran. Ces Canadiens, sans consulat dans la ville, qui avaient commis de petits délits et pour lesquels tu trouvais toujours une solution afin de les faire sortir des postes de police. Ces hippies qui se promenaient sur la côte sans visa et dont tu régularisais la situation, quelquefois en leur donnant même de l'argent de poche après leur avoir fourni les papiers nécessaires pour qu'ils rentrent chez eux. Alors dis-toi que ce qui t'est arrivé avec Victoria n'est qu'un juste retour des choses. Tu aides, tu es aidée. Elle t'a apporté le soutien dont tu avais besoin. Il ne faut pas chercher plus loin.

Elle aurait aussi pu parler de toute l'aide que ma mère avait prodiguée à tant de gens tout au long de sa vie, tant au Maroc qu'en Algérie.

Je n'ai jamais revu Victoria, mais je ne l'ai jamais oubliée. Je n'ai plus aucun moyen pour lui témoigner ma reconnaissance, mais si le hasard lui permet de lire ces quelques lignes: merci, Victoria!

Je n'étais pas au bout de mes peines au CLSC. Il n'y avait pas une semaine que j'y travaillais que j'ai dû faire face à une employée de longue date, Mary, une femme forte et bien en chair, qui a très vite commencé à me ridiculiser et à me dénigrer. Elle ne semblait pas apprécier mon attitude, le fait que j'aborde la clientèle avec une certaine déférence ni même les robes que je portais… Elle avait de l'influence sur plusieurs employées, à qui elle laissait croire que je m'organisais pour être dans les bonnes grâces du coordonnateur. Et voilà que ça recommençait. Comme chez Pullman Kellogg. Un jour, alors que j'étais aux toilettes, Mary est entrée, accompagnée de deux consœurs, dans le seul but de profiter de cet endroit isolé pour m'invectiver.

— Pour qui tu te prends, habillée comme la femme du premier ministre ? Tu cherches à avoir de la promotion par tous les moyens ? On n'est pas folles, tu sais !

Mon sang n'a fait qu'un tour :

— Tu ne me connais pas et tu ne sais rien de ce qu'est ma vie. Qui es-tu pour me juger ? Je n'essaie d'impressionner personne. Ces robes qui te dérangent tant, dis-toi bien que c'est tout ce que j'ai à me mettre sur le dos. J'ai d'autres préoccupations que ces futilités. J'attends mes trois enfants et ma mère, qui sont encore en Algérie, j'ai un mari qui ne trouve pas d'emploi et il faut qu'il y ait du pain sur la table tous les jours. C'est ça, ma priorité.

Les deux femmes qui l'accompagnaient nous observaient. Pendant un instant, j'ai eu l'impression que Mary se demandait comment réagir. Soudain, elle a tourné les talons et a quitté les toilettes, suivie de ses deux acolytes.

À la fin de la journée, alors que j'étais encore toute remuée par ce qui s'était passé plus tôt, elle a cogné à la porte du petit bureau que j'occupais. Sans attendre ma réponse, elle l'a ouverte et, sans lâcher la poignée, m'a demandé d'un ton très sec comment j'avais prévu de rentrer chez moi.

Je me suis dit : «Ah non, pas encore !» J'ai répondu froidement :

— Je prends le métro, puis l'autobus. Pourquoi ?

— Je vais te raccompagner.

Je ne comprenais pas.

— Non, merci. Ça ne me tente absolument pas.

Son ton devenait presque autoritaire.

— T'as pas compris ce que je t'ai dit. Je vais t'attendre dehors dans ma voiture. Je te raccompagne chez toi.

En sortant du CLSC, je l'ai bel et bien vue, qui m'attendait dans sa voiture. J'aurais pu l'ignorer et passer mon chemin, mais, lorsqu'elle m'a indiqué de monter, je me suis dirigée vers la voiture et j'ai ouvert la portière. Elle m'a fait signe de m'asseoir. J'ai obéi.

Avant même de démarrer, elle m'a dit :

— Je te demande pardon. Je te promets qu'on ne t'embêtera plus. Plus personne ne te dira quoi que ce soit. Tu t'es tenue debout comme personne. Moi, j'aime ça. J'ai compris qui tu étais. Si c'est possible, j'aimerais t'aider.

Mary allait devenir une grande amie. Elle m'a été d'une aide précieuse. Elle n'hésitait pas à me conduire à droite et à gauche, elle m'aidait à porter mes sacs quand je revenais du marché Jean-Talon, que j'avais adopté, et elle essayait de me conseiller dans mes différents projets.

Nous étions en février. Il y avait un peu plus d'un mois que j'étais sous contrat avec le CLSC quand, un beau matin, le téléphone a sonné. C'était M. Jean.

— Bonjour, madame Henkel, ici M. Jean. Est-ce que je vous dérange ?

Très surprise, je me suis contentée de lui répondre :

— Vous ne me dérangez pas. Que puis-je faire pour vous ?

— J'ai réfléchi. Je voudrais vous faire une offre. Pouvez-vous passer me voir ?

— Mais monsieur Jean, je travaille déjà !

Il ne m'écoutait pas.

— On vous donne combien où vous êtes ?

Un peu gênée, j'ai dit mon salaire.

— Parfait ! Je vous offre 2000 dollars de plus. Venez, on va en discuter.

— Monsieur Jean, le CLSC m'a donné ma chance, je ne peux pas abandonner comme ça !

— Je comprends, mais accordez-moi quelques minutes et vous déciderez ensuite.

Qu'est-ce que c'était que cette histoire ? J'étais craintive. Pourquoi tenait-il tant à me rencontrer de nouveau ? J'avais pourtant été claire. Deux jours plus tard, curieuse, j'ai demandé à Ahmed de m'accompagner, et nous nous sommes rendus à son bureau à 17 h 30.

En arrivant, M. Jean est venu m'accueillir et je lui ai présenté mon mari, qui a préféré m'attendre à la réception. Nous sommes entrés dans son bureau. Cette fois, il était beaucoup plus avenant.

— Madame Henkel, ça me dérange de vous savoir où vous êtes. Vous n'êtes pas à votre place. Avec vos compétences, c'est ici que vous devriez être. Mon entreprise se développe à tel point que je vais avoir à me déplacer hors du pays de plus en plus souvent. J'ai besoin d'une adjointe sur qui je peux compter pendant mes absences. Je vous ai fait une offre, c'est ma dernière.

— Monsieur Jean, vous êtes bien gentil, mais jamais je ne quitterai le CLSC pour 2000 dollars de différence. Si je devais quitter, ce serait pour au moins 10 000 dollars de plus.

Je ne lui avais pas mentionné que mon mandat au CLSC était seulement de six mois.

— Marché conclu. Pouvez-vous commencer lundi ?

— Mais non, monsieur Jean, je dois quand même laisser le temps au CLSC de me trouver un remplaçant !

— Vous n'êtes engagée en rien, a-t-il dit. Vous pouvez quitter quand vous voulez.

— C'est une question de principe, monsieur !

Il a fallu que j'annonce au CLSC que je quittais mon emploi. Comme je remplaçais une employée en congé de maternité, j'ai expliqué que mon nouvel emploi était permanent, bien rémunéré, et qu'étant donné ma charge familiale je n'avais pas d'autre choix. Mon coordonnateur a essayé de me retenir en me rappelant comment, en un peu plus d'un mois, j'étais parvenue à améliorer l'ambiance et les relations avec les clients du CLSC. Quelle n'a pas été ma surprise lorsque le directeur général m'a annoncé deux jours plus tard qu'il avait réussi à obtenir une dérogation afin de m'accorder le statut d'employée permanente, avec tous les avantages qui s'y rattachaient. Je n'en revenais pas.

J'étais honorée. Mais, au fond, ma décision était prise. J'avais besoin de faire ce geste pour ma famille. De plus, chez M. Jean, j'aurais la possibilité d'apprendre les rouages du secteur privé et je n'aurais plus à affronter quotidiennement la souffrance de tous ces gens en détresse. J'aurais aimé leur porter secours, leur en donner plus, mais c'était trop difficile émotivement.

Ce passage au CLSC m'avait d'ailleurs donné le goût de m'engager et de faire du bénévolat auprès de malades en phase terminale dans un centre de soins spécialisés. Je les aidais à faire leur toilette, leur faisais la lecture, les sortais à l'extérieur prendre l'air. Toutefois, lorsqu'une femme dont je m'occupais est décédée, j'ai été complètement bouleversée et j'ai réalisé rapidement que cet engagement était prématuré. Ma situation personnelle, chargée encore de toute l'émotivité de mon départ, ne me le permettait pas.

Le jour où j'ai quitté le CLSC a été émouvant. J'ai reçu un énorme bouquet de fleurs et j'ai été invitée par la direction et quelques employés, dont Mary, dans un petit restaurant grec.

Encore une fois, je privilégiais le risque à la stabilité. Ma sécurité, c'est moi seule qui pouvais la construire. Sans jamais oublier ma responsabilité première, celle de subvenir aux besoins de ma famille, j'allais travailler dans un univers où je pourrais laisser place à mon sens de l'initiative et à ma créativité.

Toute ma vie s'organisait. Avec l'aide de mon amie Mary, je me suis mise à chercher un appartement plus grand en prévision de l'arrivée de la famille en juin. Elle m'a emmenée visiter son quartier du nord de Montréal, Ahuntsic. Charmés par ce coin de la ville, Ahmed, Linda et moi allions nous installer au premier étage d'un duplex au coin des rues Saint-Hubert et Fleury, au grand désarroi de notre concierge de la rue Bernard, qui trouvait que nous étions «*ben* fins et *ben* propres». Notre nouvelle propriétaire, Louise, allait devenir une grande amie pour ma mère et pour moi.

En mars 1990, je suis entrée en fonctions dans l'entreprise de M. Jean, rue Faillon. J'ai passé une seule journée avec lui, car il partait dès le lendemain pour un voyage d'un mois. On m'a installée dans son bureau, en me faisant une place sur la table de conférence, plutôt bancale et passablement défraîchie. Je me suis dit que je serais beaucoup mieux installée dans le bureau attenant au sien, celui du directeur des ventes. Il me semblait qu'une adjointe devait toujours être près de son patron, mais pas au point d'occuper le même bureau.

Le lendemain de mon arrivée, je n'en savais pas beaucoup plus que la veille sur mon travail. M. Jean avait à peine eu le temps de me faire une petite liste des tâches à accomplir que, déjà, il était parti. Pour ce qui était de mettre un peu d'ordre dans ses affaires, je comprenais. Son bureau était un véritable capharnaüm. Des bouts de tissus par-ci, des papiers par-là, un ordinateur poussiéreux au beau milieu de la pièce. Il devait y avoir des années que le ménage de ce bureau n'avait pas été fait. Du moins comme je l'entendais.

J'allais donc avoir à me débrouiller seule et j'avoue que cela ne me déplaisait pas. Après tout, j'avais mis mon efficacité en jeu ; autant avoir les coudées franches pour relever le défi.

J'ai fait la connaissance de Michel, le fils de M. Jean. Il gérait la production.

— Bonjour, madame, m'a-t-il dit. Je vous souhaite bonne chance, mais, d'après moi, vous ne ferez pas long feu. Mon père est très particulier. Habituellement, ça ne dure pas plus d'une semaine.

Quel accueil et quel encouragement !

Au bout de ma troisième journée de travail, j'étais venue à bout de la liste des demandes de mon patron. Plutôt que de me tourner les pouces en attendant qu'une urgence survienne, j'ai décidé d'entreprendre le grand ménage de son bureau. J'ai commencé à faire des boîtes, à épousseter, à organiser un système de classement des dossiers. J'avais entre autres retrouvé dans un classeur gris toutes sortes de documents qui me semblaient importants. M. Jean les avait entassés là, pêle-mêle.

Quand Michel, qui passait le plus clair de son temps du côté de la production, a été averti de ce que je faisais, il est accouru, catastrophé :

— Qu'est-ce que vous faites ? Savez-vous que mon père n'aimera pas du tout que l'on déplace ses affaires ?

— Tant qu'à me faire mettre dehors, autant laisser l'endroit propre et agréable.

J'ai tourné les talons et continué mon ménage. Cela a duré plusieurs jours.

À la maison, les préparatifs de l'arrivée du reste de la famille allaient bon train. Je parlais à ma mère toutes les semaines. Elle m'aidait à préparer psychologiquement les enfants à un départ prévu à la fin de l'année scolaire, mais elle restait toujours très évasive sur ses intentions. Je ne savais toujours pas si elle comptait me rejoindre.

Souvent, le soir, je m'endormais la nostalgie au cœur. Le soleil me manquait, les bruits de ma rue, le parfum des épices, mais aussi la solidarité des gens de mon pays. Cette entraide tellement typique entre les familles, l'amitié sacrée, le plaisir de la fête et du partage. Je m'ennuyais de mes amis, de mon quotidien, de ma culture. Ahmed trouvait ça difficile, lui aussi.

Linda, elle, essayait tant bien que mal de s'intégrer et avait réussi à se faire quelques amis. Elle était assez mature pour son âge, mais, malgré un caractère affirmé, elle me semblait parfois si fragile… Son frère et ses sœurs lui manquaient terriblement, tout comme la présence rassurante de sa grand-mère. Son petit univers avait été chamboulé. Elle aussi avait perdu ses repères. Le système scolaire était différent, l'enseignement et les horaires aussi, et même les relations amicales entre enfants de son âge n'étaient pas vraiment de même nature. Tuque, bottes, mitaines… Elle avait dû intégrer à son vocabulaire des mots désignant des accessoires dont elle ignorait totalement l'existence jusque-là.

Probablement en déséquilibre affectif, elle avait jeté son dévolu sur les bananes qu'elle consommait allègrement. À tel point que j'ai dû consulter tant elle avait pris de poids. Les recommandations du médecin, qui lui suggérait fortement d'en limiter la consommation, ont eu sur elle l'effet d'une catastrophe. Ces détails donnent toute la mesure du bouleversement qu'elle vivait au quotidien. Je me sentais un peu coupable. Elle faisait des efforts extraordinaires.

Dans le cadre de la petite révolution que j'avais entreprise dans les bureaux, j'étais allée jusqu'à demander de l'argent à Michel pour réaménager l'espace de travail de mon patron. Je comptais acheter un nouveau bureau. Il a d'abord refusé, mais, me voyant insister au point de lui dire que je rembourserais la somme si ça ne faisait pas l'affaire, il a consenti à avancer l'argent.

Mon patron est arrivé le lundi suivant. Emmitouflé dans un gros manteau, chapeau vissé sur la tête, il a pénétré dans le bureau d'un pas quasi militaire, porte-documents en main. Son visage s'est figé en une expression de surprise. Il a fait demi-tour et s'est dirigé aussitôt vers la production. Mais quelle mouche l'avait piqué ? C'était simple : il ne reconnaissait plus son espace !

Il est revenu avec son fils, m'a à peine saluée et a commencé à inspecter les lieux. Il ouvrait les tiroirs de son nouveau bureau modulaire, mais il n'y avait plus rien dedans. Son ordinateur était maintenant parfaitement disposé devant une fenêtre. Tout était nouveau. J'avais entièrement modifié les lieux.

Je me suis levée pour le débarrasser de son manteau. Son regard m'a laissée perplexe. Je ne savais pas s'il était furieux ou s'il était tout simplement sur le point de perdre connaissance. Michel observait la scène de loin.

— Madame Henkel, qu'est-ce que vous avez fait ? Je suis sous le choc. Je ne trouverai plus rien. Comment je vais faire pour travailler ?

— Monsieur Jean, lui ai-je répondu, vous êtes le président d'une belle entreprise. Vous avez besoin d'un espace de travail impeccable et à votre image. Moi, j'aime travailler dans un endroit agréable et en ordre. Vous verrez, vous allez vous y habituer. Au fait, votre fils m'a déjà prévenue que vous ne gardiez vos collaboratrices pas plus d'une semaine. Là, je crois que vous allez avoir un peu plus de difficulté…

J'ai tourné les talons en lui offrant mon plus beau sourire.

Il était complètement désarçonné. Michel en est resté bouche bée. Pendant une fraction de seconde, j'ai cru qu'il allait me mettre à la porte.

À partir de ce jour, je suis devenue son bras droit. Pendant plus deux ans, je l'ai accompagné dans son quotidien. Lorsque les tâches qu'il me confiait me laissaient un peu de temps, j'essayais toujours de me rendre utile. J'avais remarqué un fichier d'une centaine d'entreprises, sans autres indications que leurs coordonnées, et une somme en dollars. J'ai demandé à M. Jean ce que c'était. Il m'a expliqué qu'il s'agissait de clients qui devaient de l'argent à l'entreprise, mais qu'on n'avait jamais pris le temps de communiquer avec eux pour faire des arrangements ou trouver un terrain d'entente. Je lui ai proposé de m'en occuper. Peut-être pourrions-nous récupérer certaines des sommes dues et, pourquoi pas, rétablir des liens commerciaux avec ces clients censés être perdus? Je me suis mise à la tâche. J'ai pris le téléphone, argumenté, cherché des solutions avec chacun des clients. J'ai finalement réussi à récupérer plusieurs milliers de dollars. Je ne me sentais plus du tout coupable d'avoir dépensé quelques deniers pour réaménager le bureau de mon patron.

Bénéficiant d'une confiance qui se confirmait de jour en jour, j'ai commencé à intervenir auprès des relations d'affaires de M. Jean à l'étranger, dont en Chine et en Amérique latine.

Encore une fois, il s'agissait d'un travail qui m'était familier. J'accordais aussi une grande importance aux principaux clients de l'entreprise. Lorsqu'ils se présentaient au bureau, je les recevais comme au consulat, avec toutes sortes de petites attentions et une certaine déférence. Ils adoraient ça. Je ne négligeais pas mon patron non plus et je veillais à son confort. Le matin, lorsqu'il arrivait, je lui apportais un verre d'eau, son petit café, lui rappelais de prendre ses médicaments. Je le traitais un peu comme un père. Autant de petits gestes qui favorisent de bonnes relations de travail. Nous avons développé une belle complicité. Je savais quand insister, quand me retirer. Il m'appelait son rayon de soleil.

Je pensais sincèrement mériter mon salaire. Ma vie était un peu plus confortable et toutes les conditions me semblaient réunies pour pouvoir enfin accueillir le reste de la famille.

Le moment tant espéré est arrivé et ça a été de grandes retrouvailles. Un moment inoubliable, d'autant plus que maman avait attendu à la toute dernière minute pour se décider à traverser l'océan. L'échéance arrivant, elle a vraiment pris conscience de la réalité : mes autres enfants la quittaient pour me rejoindre définitivement, et plus jamais je ne retournerais vivre à Oran. C'est alors qu'elle a abdiqué.

Inutile de vous dire que ça a été une véritable fête, à l'aéroport. J'avais du mal à gérer mes émotions en arrivant à Mirabel. Je courais d'une baie vitrée à l'autre, en essayant de les apercevoir, jusqu'à ce que je devine la silhouette de maman en fauteuil roulant. Je me suis précipitée à la douane en suppliant les agents de me laisser passer. Je n'avais pas vu les miens depuis six mois, mes enfants étaient jeunes, et ma mère, en fauteuil roulant... Dans un premier temps, le douanier, prétextant un règlement très strict, a refusé catégoriquement. Mais quelle n'a pas été ma surprise, lorsque, quelques instants après, la porte vitrée s'est ouverte sur toute ma petite famille, accompagnée du fameux douanier. Bravant toutes les règles, cet homme de cœur s'était arrangé pour accélérer la sortie des miens. Je n'en revenais pas. Norredine, avait accompagné ma famille pour le grand voyage. Il s'est occupé de faire les déclarations pour maman et mes enfants avec les douaniers afin que je puisse les voir sans trop attendre. Tout à coup, tout devenait étrangement lumineux. Son toutou pressé sur la poitrine, Amel semblait perdue. Elle s'était littéralement figée. J'avais presque l'impression qu'elle ne me reconnaissait pas. J'étais à genoux, les bras en croix, le visage baigné de larmes et lui disait :

— Amel, mon amour, c'est maman.

Nous nous sommes tous jetés dans les bras. Des rires, des pleurs, des cris de joie ; c'était indescriptible ! Les émotions étaient intenses. Même les voyageurs autour les percevaient, et certains versaient des larmes, comme pour nous accompagner dans un moment aussi magique. Les enfants rayonnaient de bonheur, et même Ahmed, d'un naturel plutôt discret, semblait revivre. J'avais réussi à réunir tous les miens dans un projet qui semblait pure folie. Enfin, nous étions tous ensemble !

J'avais maintenant une automobile, une Dodge Caravan d'occasion dont les sept places me faciliteraient grandement les déplacements familiaux.

Peu de temps après, nous avons fait l'acquisition d'une maison à Repentigny, que nous avons habitée plusieurs années. Malheureusement, au moment de cette décision, Ahmed était toujours sans emploi.

Un jour, toutefois, par un concours de circonstances, je me suis retrouvée chez un marchand de stores de l'est de la ville, pour acheter quelques revêtements de fenêtre destinés à notre future maison. Pendant que je négociais les prix, j'ai vu s'avancer le gérant qui, visiblement, n'était pas de souche québécoise. Il était probablement slave, peut-être roumain. Il m'a dit d'un fort accent :

— Bonjour, madame. Je vois qu'on décore ! Vous venez d'arriver au pays ?

Je lui ai confirmé que oui.

— Alors bienvenue. Ça se passe bien ?

— Ce n'est pas toujours facile. Mais c'est un choix qu'on a fait.

C'est à ce moment qu'une idée m'est venue. J'ai pensé à Ahmed. Je lui ai demandé s'il n'avait pas un emploi à offrir.

— À qui ?

— À mon mari. Il est ingénieur et ne trouve rien.

— Malheureusement, nous n'avons rien ici pour quelqu'un d'aussi qualifié.

J'ai insisté et, à la limite, supplié :

— Oh, vous savez, je pense qu'il serait prêt à accepter ce que vous pourriez lui proposer.

Le gérant a vu mon désarroi. Il avait sûrement émigré, lui aussi. Il comprenait.

— Dites-lui de venir me voir demain, mais je ne vous promets rien.

Et il m'a remis sa carte.

Ahmed a été embauché comme vendeur, au salaire minimum. Il est resté à cet endroit 22 ans et il a gravi petit à petit les échelons correspondant à ce genre de commerce. À la maison, la plupart du temps, il ne parlait pas de son travail, mais je voyais beaucoup de tristesse et de lassitude dans ses yeux. Cette vie n'était pas celle qu'il aurait souhaitée, mais il était là à mes côtés. En homme responsable, il faisait ce qu'il fallait.

Notre nouvelle et toute première maison était modeste, mais assez grande. Elle était située dans la rue Fiset, au cœur de Repentigny. Nous avions une grande cour avec une piscine creusée. De l'arrière de la maison, je pouvais voir l'école primaire Émile-Nelligan, que fréquentaient mes deux plus jeunes, Kader et Amel. Linda et Nawel, plus âgées, allaient à la polyvalente Jean-Baptiste-Meilleur. Avec l'acquisition de cette maison, nous atteignions une certaine forme d'équilibre et de stabilité.

Quelque temps après, pendant trois mois, j'ai accueilli mon frère Norredine, lui aussi arrivé au Canada, avec femme et enfants. J'avais réussi à les faire émigrer. Pour y arriver, il avait presque fallu que je campe devant les bureaux d'Immigration Canada.

Comme de véritables éponges, mes quatre enfants absorbaient le Québec à grandes doses et, très vite, j'ai perçu chez eux un léger accent québécois tout à fait sympathique.

Kader était un peu plus timide. Il aimait les ordinateurs et avait tendance à se réfugier au sous-sol pour s'amuser pendant des heures, avec différents jeux informatiques. Le soir, je descendais pour tenter de le sortir un peu de son petit monde. Je lui disais :

— Sors, ne t'isole pas, mon ange. Ce n'est pas bon. Il faut que tu gardes le contact avec les jeunes de ton âge.

Petit à petit, il s'est constitué un bon groupe d'amis qu'il fréquente encore aujourd'hui.

Fidèle à elle-même, ma mère contribuait aussi à sa manière à notre intégration. Très vite, elle est devenue amie avec plusieurs voisins. Comme au Maroc et en Algérie, les gens s'arrêtaient à la maison pour faire la jasette, prendre le thé ou manger un petit quelque chose.

Ahmed avait regagné un peu de dignité et, moi, je commençais à doucement m'enliser dans une sorte de routine chez M. Jean.

La conjointe de ce dernier était adorable et nous comptions le couple parmi nos amis. Un jour, M. Jean m'a appris que c'était l'anniversaire de sa femme et qu'il voulait lui faire une grande surprise.

— Ah bon, qu'avez-vous prévu de faire ?

Il m'a expliqué que Mme Jean était une admiratrice inconditionnelle de Michel Louvain et que son grand rêve était de le rencontrer en tête-à-tête.

— Pourriez-vous voir si c'est possible ? m'a-t-il demandé, légèrement gêné.

Je savais à peine qui était Michel Louvain. Je n'avais aucun contact. J'ai fait une multitude d'appels et j'ai enfin eu la chance de parler avec une dame qui travaillait à la gérance de ses spectacles. Et comme je le fais systématiquement, j'ai été très franche pour tenter de la convaincre. Quand on parle honnêtement, avec son cœur, on peut franchir des montagnes. J'ai expliqué qu'il s'agissait d'un cadeau d'anniversaire, d'une surprise que voulait faire M. Jean à sa conjointe, qui vouait une admiration sans borne à Michel Louvain, et que son rêve le plus fou était un repas en tête-à-tête avec son idole. À force de persévérance, j'ai réussi à obtenir ce que je voulais. Ils ont dîné ensemble après l'un de ses spectacles.

À partir de ce moment, je suis pratiquement devenue un membre de la famille Jean. C'étaient des gens extraordinaires. M. Jean est toujours vivant au moment où j'écris ces lignes. Il est impliqué dans la vie communautaire et est un membre très actif d'un club Rotary. Je l'imagine volontiers travaillant encore à deux heures du matin, dans un quartier défavorisé de

Montréal, pour venir en aide à des adolescents en difficulté. À l'époque où je travaillais pour lui, il m'emmenait, une fois par mois, à ses rencontres du club Rotary. Je m'assoyais au fond de la salle et je prenais des notes de la réunion. M. Jean m'a dernièrement fait plaisir en m'offrant la présidence d'honneur d'une nouvelle campagne de financement pour venir en aide aux jeunes défavorisés du quartier Hochelaga-Maisonneuve. Émouvant retour des choses.

Malgré les liens qui s'étaient tissés entre nous, je m'ennuyais de plus en plus souvent au travail. Ce que j'avais à faire avait été fait. Et même si je ne savais pas exactement où se situaient les limites de mes capacités, je sentais qu'il fallait que je bouge, que je m'ouvre à d'autres horizons.

L'occasion s'est présentée. Parmi les dossiers que j'avais eus à gérer pour M. Jean, il y en avait un assez délicat, qui avait attiré mon attention.

Michel avait décidé qu'un fabricant de boîtes de carton, son fournisseur depuis plus de 20 ans, ne faisait plus l'affaire. Décontenancé, le président de cette compagnie s'en était plaint et avait plaidé sa cause auprès de moi, me demandant de voir ce qui pouvait être fait auprès de mon patron.

J'en ai parlé à M. Jean. Je le savais suffisamment sage et compréhensif pour tenter une nouvelle analyse de la situation. Il a accepté de rencontrer le fournisseur, en présence de son fils. Finalement, les choses se sont arrangées et ils ont continué à travailler avec lui.

Ce que j'ignorais, c'est que ce même fournisseur allait communiquer avec moi quelques jours plus tard pour me faire une proposition.

Il avait un cousin qui se trouvait à Montréal pendant deux semaines pour évaluer la fermeture de sa filiale américaine. Me trouvant efficace, il lui avait parlé de moi et avait organisé une rencontre. Il ne s'agissait plus d'un travail de secrétaire de direction, mais bien de la direction générale de la filiale d'une entreprise qui éprouvait quelques difficultés au Québec. J'ai accepté d'écouter leur proposition. Je devais les rencontrer dans un hôtel, mais je trouvais ça inapproprié. Rencontrer un inconnu à l'hôtel ? Dans sa chambre, peut-être ? Dans ma culture, cela ne se faisait pas, et je n'ai accepté que lorsque j'ai compris que sa femme et son enfant seraient également présents.

La compagnie faisait imprimer des livrets de bons de réduction utilisables dans des boutiques, des restaurants, des hôtels et toutes sortes de commerces. Ces livrets étaient vendus à différents organismes, qui les revendaient eux-mêmes aux consommateurs qui pouvaient profiter de ces aubaines. Une partie des profits revenait à des œuvres de charité. Je devais gérer un chiffre d'affaires de 600 000 dollars, 2 adjointes et une équipe de vendeurs.

Le salaire était très intéressant, le double de ce que je gagnais chez M. Jean, mais tout était à réorganiser, car les objectifs de vente étaient devenus très ambitieux. Après m'être fait expliquer tout cela en détail, je n'ai pu m'empêcher de déclarer que je ne pensais pas avoir les compétences nécessaires.

Surpris que je refuse une telle offre, le cousin a essayé de me convaincre en me déclarant qu'il avait décelé chez moi les capacités nécessaires pour redresser son entreprise.

Son offre était alléchante, et je lui ai promis d'y réfléchir. Je sentais que mon goût du risque et le besoin de relever un nouveau défi prenaient le dessus. D'autant que j'avais l'impression d'avoir rempli ma mission chez M. Jean et que je m'étais installée dans un quotidien confortable et sécuritaire. J'ai décidé d'en parler avec lui.

Il m'a demandé si c'était une question d'argent.

— Non, c'est une question de défi. On m'offre de diriger la filiale en difficulté d'une entreprise américaine. Je pense que c'est un beau projet.

— Réfléchissez un peu, madame Henkel. Vous venez d'acheter une maison, c'est une entreprise en difficulté et nous sommes en récession. Ce n'est peut-être pas le temps de courir des risques.

Je l'ai regardé avec tendresse. Il voulait me protéger, mais ma décision était prise.

M. Jean et son épouse ont organisé une magnifique fête de départ, avec toute ma famille. Mme Jean a encore tenté de me convaincre de rester. Même ma mère s'y était mise, elle qui rêvait pour moi d'une stabilité qu'elle n'avait jamais pu m'offrir.

Avec le recul, je me rends compte que je n'accordais pas beaucoup d'importance à la nature des entreprises dans lesquelles je souhaitais continuer mon parcours. Un CLSC, un fabricant de lingerie fine, une compagnie de couponnage. Deux seules motivations guidaient mes choix : progresser et améliorer le sort de ma famille. À chacun de mes départs, je m'arrangeais pour quitter en bons termes et laisser de bons souvenirs.

Après avoir demandé à M. Jean de bien vouloir être mon conseiller, c'est avec un peu de tristesse, mais avec une profonde motivation que j'ai quitté un patron qui m'avait beaucoup appris sur ce que c'est d'être propriétaire d'une entreprise. Je me dirigeais vers une nouvelle aventure.

Avant d'envisager quoi que ce soit dans ce nouvel emploi, il m'a d'abord fallu rétablir la confiance des employés et instaurer un climat de travail favorable au développement souhaité. L'entreprise montréalaise déclinait, et l'ambiance n'était pas vraiment à la fête. Le découragement était même perceptible dans les locaux qui étaient dans un état lamentable.

La seule photo que je possède de mon père Heinz Henkel, un beau militaire allemand pour qui maman avait eu le coup de foudre.

Ma mère derrière le comptoir de sa boulangerie-pâtisserie-confiserie à Oujda.

À Malaga, lors d'un voyage en
Espagne vers l'âge de 9 mois.

Avec ma mère Eliane et ma nounou Dolorès.

Au cours du même voyage à Malaga, habillée d'un costume traditionnel.

Un Noël à Oujda
durant les années fastes.

Avec Kheira
notre cuisinière.

Maman organisait des réceptions très courues où se retrouvait l'élite de la région. Ma mère Eliane (en noir) avec sa sœur Mercedez (en blanc).

À mon 2ᵉ anniversaire de naissance, soufflant les bougies de l'immense pièce montée que maman avait confectionnée pour l'occasion.

À Rabat, au Maroc, vers l'âge de 8 ans, en compagnie de M. Elbaz, l'associé de maman au garage.

À Rabat avec Hassan le
chauffeur (assis sur la voiture)
et un employé du garage.

À Rabat avec maman, notre bonne Nadia et mon frère Norredine. J'étais une adolescente
sportive, bien dans sa peau.

J'ai vécu les festivités entourant mon mariage avec un extrême détachement. Ici, entourée d'Ahmed et de Norredine pendant que les femmes me maquillaient les pieds et les mains au henné.

Ahmed et moi lors de la cérémonie civile de notre mariage.

À mon mariage avec mes beaux-parents. Mon beau-père Abdelkader Mahieddine que j'appelais affectueusement «papa».

Au consulat des États-Unis d'Amérique à Oran avec Barbara Schell (au centre).

O B I T U A R I E S

Barbara Schell is killed in Iraq in helicopter crash

Barbara L. Schell, 50, a veteran Foreign Service officer, was killed in northern Iraq on April 14 when the helicopter in which she was a passenger was shot down

Ms. Schell

by U.S. fighter jets that mistook it for enemy aircraft. Twenty-five other passengers perished in the incident, which included the downing of a second helicopter. Ms. Schell had been serving as political adviser to the commanding general of Operation Provide Comfort, the U.S. relief effort to aid the Kurds.

Department spokesman Michael Mc-Curry issued a statement which said in part: "The Secretary, along with many others in the Department, have been in touch with Barbara's family to express their deepest condolences. Those who knew her here described her as an independent, adventuresome person who had very much wanted the job she was serving in. She was known to her friends as someone with a dry sense of humor and a very warm spirit."

Director general Genta Hawkins Holmes, issuing a Department Notice in praise of Ms. Schell, said: "She showed a zest for difficult assignments, serving only at hardship posts. Barbara had faced danger before, winning an award for heroism for her service at Embassy Tehran after it was overrun by militants in 1979, and was again cited for brave service in evacuating Americans from Iran that year."

Ms. Schell began her 28-year tenure in the Foreign Service in 1966. After serving as vice consul in Casablanca, she was assigned to Manila in 1971. The following year she became consul at the post. She was detailed to the Office of Economic Opportunity, 1972-73, then served as a personnel officer with the Board of Examiners of the Foreign Service, 1973-74. In 1975 she became visa officer in Tehran. Later, she served as consul and commercial officer there and

Barbara L. Schell, when she was deputy chief of mission in Oran, huddled with the children of consulate employees.

earned two Meritorious Honor Awards, in addition to the Award for Heroism.

After an assignment as an economic analyst in the intelligence bureau, Ms. Schell was named director of the Office of Iranian Affairs in 1980. She served as principal officer in Oran, Algeria, 1984-87. The following year she became economic and commercial officer in Damascus. She was deputy chief of mission in N'Djamena, 1990-92, before serving as the last consul general in Alexandria, 1992-93. She began her final assignment in Incirlik, Turkey, last year. She had

been slated to become deputy chief of mission in Antananarivo this summer.

Ms. Schell was born in Bridgeport, Conn., on December 6, 1943. She received a bachelor's from the University of Michigan. She also attended George Washington and the Sorbonne. A memorial service attended by her coworkers was held at Washington National Cathedral on May 2. She was also honored in a solemn ceremony at the Department on Foreign Service Day, May 6.

Her survivors include her husband, John G. Laylin, her father and a brother. Condolences may be sent to her husband in care of his sister, Laura Laylin Nichols, 438 River Bend Road, Great Falls, Va. 22066. □

La photo de Barbara Schell entourée de mes enfants que, à sa demande, l'on peut voir sur sa pierre tombale. (*State*, United States Department of State, June 1994, p. 69.)

Josée qui célébrait l'anniversaire de sa fille en compagnie de maman et de mes enfants.

En 1995, à l'occasion de notre voyage en Chine dans le cadre du projet Chine 95.

En croisière sur le fleuve Saint-Laurent avec M. Mohamed lors de son séjour au Québec. Au fil des ans, une profonde amitié s'est développée entre sa famille et la mienne.

Le gant Renaissance, le début de ma nouvelle vie, ma vie d'entrepreneure.

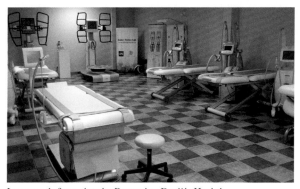

Le centre de formation des Entreprises Danièle Henkel.

Avec Paul Dion, maman Dion, Lise Dion et Éric Salvail, alors que j'étais présidente d'honneur d'une soirée-bénéfice au profit de la Fondation Maman Dion. (©Fondation Maman Dion/photo www.ferlandphoto.com)

Remise des diplômes des officiers finissants du Collège militaire royal de Saint-Jean, le 17 mai 2013, avec le Col Guy Maillet, ancien commandant du CMR Saint-Jean et le Lgén (ret) J.O. Michel Maisonneuve, CMM, MSC, CD, MA, directeur des études du CMR Saint-Jean. (©Sa Majesté la Reine et chef du Canada, représentée par le ministère de la Défense nationale, 2013. Photo/Christian Jacques.)

Toute la famille réunie à l'occasion du 70ᵉ anniversaire de mon conjoint Mark. De gauche à droite : ma nièce Mounia, ma belle-sœur Naziha, mon neveu Amr, ma nièce Hind, mon gendre Rick, moi, ma fille Nawel, mon frère Norredine, mon conjoint Mark, ma fille Linda et Vanessa, la femme d'Amr.

Mon petit-fils Orane et ma petite-fille Yasmina dans les bras de mon conjoint Mark, complète-ment conquis.

Une grand-maman comblée, entourée de ses petits amours, Shaya, Liam, Yasmina et Orane. (©Patrick Seguin/Les Publications Charron & Cie/TVA Publications.)

Il m'a fallu ensuite revoir une approche marketing totalement vouée à l'échec parce que calquée sur un modèle américain inadapté au marché québécois. Nous avons complètement repensé le livret de bons de réduction pour en faire un objet beaucoup plus vendeur, bien structuré et plutôt haut de gamme. J'étais convaincue que nous renforcerions notre implantation à Montréal avec un produit plus sophistiqué et prestigieux.

Il m'a fallu six mois pour convaincre mes patrons de procéder de la sorte. Une fois ces ajustements nécessaires réalisés, il était temps que j'aille sur le terrain.

Ma première cible a été les commerces qui se situaient un peu plus dans un créneau haut de gamme, alors qu'ils n'avaient jamais été sollicités. Il me semblait que leur présence dans le livret ne pouvait qu'être favorable à sa notoriété. Avant la restructuration du livret, ces commerces étaient plutôt réticents et se préoccupaient de ceux qui s'y trouvaient déjà. Il était par exemple très difficile de demander à un grand restaurant montréalais de s'associer, ne serait-ce qu'indirectement, aux commerces de restauration rapide. À force de conviction et probablement aussi grâce à la nouvelle présentation du livret, les annonceurs haut de gamme ont commencé à se multiplier. Nous proposions maintenant un bel objet, attrayant et de plus en plus convoité.

Il m'a aussi fallu apprendre à travailler et à composer avec des vendeurs professionnels. Une race très particulière. Pour avoir une grande réussite dans le domaine de la vente, il faut être indépendant de nature et posséder un *ego* très fort. Deux qualités pas nécessairement compatibles avec le travail d'équipe et la collaboration.

J'ai dû déployer des efforts pour faire en sorte que les vendeurs respectent mes deux adjointes et qu'ils remplissent leurs rapports d'activité.

J'ai persévéré et tenté de donner l'exemple en travaillant plus que de raison. Je ne rentrais chez moi qu'en fin de soirée, les bras chargés de dossiers. J'étais à l'écoute, attentive à ce qui se passait, à tout ce qui pouvait être encore amélioré… et très vite les premiers résultats ont été perceptibles. L'équipe fonctionnait au-delà de mes espérances.

Restait à subir la pression des quotas imposés par le siège social de la compagnie. Jusqu'à ce moment, le bureau de Montréal faisait figure de dernier de classe aux yeux des dirigeants. Au Canada, les marchés de Toronto et de Vancouver étaient beaucoup plus réceptifs aux types de produits offerts. Avec le changement de positionnement réalisé, j'ai convaincu mes patrons que nous réussirions à atteindre nos objectifs de vente différemment. Et les chiffres ont été atteints.

Après 18 mois, je sentais toutefois que j'étais allée au-delà de mes capacités. À la limite de l'épuisement professionnel.

À la maison, les enfants devenaient des adolescents, avec tout ce que cela comporte de bouleversements. La santé de maman se détériorait, et Ahmed faisait ce qu'il pouvait pour nous aider. Je passais mes fins de semaine à m'occuper de la maison et des enfants, que je négligeais un peu les autres jours. Je tondais le gazon, je taillais la haie de cèdres et je finissais toujours par me replonger dans mes dossiers, question d'arriver prête au bureau le lundi matin, afin d'affronter une pression qui ne cessait de croître.

Alors que je remplissais les diverses formalités pour le renouvellement de mon passeport, j'ai regardé attentivement la photo qui avait été prise pour l'occasion. Je ne me reconnaissais pas. J'avais les yeux vitreux, le visage amaigri, les cheveux inhabituellement longs. Je me suis fait peur! J'ai compris. Ça devait cesser.

Bien sûr, les quatre années passées à essayer de me reconstruire depuis mon arrivée au Canada avaient laissé leurs marques.

Mais le rythme imposé par cet emploi de fou m'usait et me détruisait.

J'ai appelé la présidente de la compagnie qui était à Vancouver pour lui annoncer que je démissionnais. Elle est venue à Montréal pour tenter de me convaincre de rester. Je m'en souviens. Nous nous sommes rencontrées à Mirabel. Elle n'avait qu'une heure et demie à me consacrer avant de prendre son avion de retour. C'était beaucoup plus de temps qu'il m'en fallait.

Je me suis contentée de lui dire que je considérais que ma mission était accomplie. Je pouvais partir la tête haute. Quand elle a vu dans quel état physique j'étais, elle n'a pas insisté. Aujourd'hui, je réalise que ce passage dans l'entreprise m'a formée au domaine de la vente et à ses exigences.

Un nouveau combat s'annonçait. Je me retrouvais sans emploi. Je sautais encore dans le vide. J'avais aussi conscience que, malgré cette apparente instabilité professionnelle, ma famille, elle, restait omniprésente. Je devais continuer d'assumer mes responsabilités.

Montréal : la découverte de l'entrepreneuriat

~

Les vrais entrepreneurs ne sont pas ceux qui ont les meilleures idées. Ce sont simplement ceux qui sont prêts à sauter dans le vide sans assurance.

Andrew Weinreich

Mon salaire dans le cadre de mon dernier emploi m'avait permis de mettre un peu d'argent de côté. Ahmed continuait tant bien que mal à apporter sa contribution, et maman nous aidait aussi. J'ai donc pris quelques jours de repos et pensé à ce que je pouvais faire. Je me sentais un peu perdue, désemparée. Il fallait que je me ressaisisse. Sans trop réfléchir, j'ai décidé de suivre un cours d'agent immobilier (terminologie utilisée à l'époque) et, pendant la formation, je suis devenue vendeuse de produits Tupperware.

Les fins de mois arrivaient vite. Bien souvent, je devais retirer des denrées de mon panier d'épicerie afin de pouvoir acquitter la facture. Heureusement, maman était une vraie magicienne avec la nourriture. Mes enfants n'ont manqué de rien, même s'il n'y avait pas de la viande sur la table tous les jours.

J'essayais de colmater des fuites, mais j'avais l'impression que d'autres apparaissaient sans cesse. Je me débattais. J'ai réussi à obtenir une marge de crédit d'une banque. J'ai rencontré là des gens magnifiques, qui m'ont toujours fait confiance. Ils n'ont jamais eu à le regretter et, 20 ans après, je suis encore une de leurs clientes.

C'est au cours de cette période que j'ai reçu un appel de John Laylin, le mari de ma grande amie Barbara Schell. Quel flot de souvenirs et d'émotions ! Il avait réussi à me retrouver grâce au consulat des États-Unis à Montréal et grâce à Dorine, qui était autrefois vice-consul à Oran et avec qui j'avais maintenu des liens après son retour à Washington. John tenait à me revoir, ainsi que les enfants. Il était porteur d'un message de Barbara, disait-il. Deux mois plus tard, nous l'attendions à l'aéroport de Mirabel. J'ai très vite reconnu sa silhouette imposante. Il n'avait pas vraiment changé, mais ses épaules étaient légèrement voûtées. Il semblait porter tout le poids de son amour perdu.

Il est resté avec nous une semaine à Repentigny. Il était heureux de retrouver mes enfants, et son séjour a été un véritable bain d'émotions, de tendresse et de partage. Je brûlais de connaître son message. Un soir, alors que nous prenions le thé, nous avons évoqué la disparition tragique de Barbara. J'ai appris à ce moment que, peu de temps avant son décès, on avait diagnostiqué chez elle un cancer généralisé. Se sachant condamnée, Barbara avait formulé deux souhaits : elle lui avait fait promettre de ne pas la laisser mourir dans un hôpital et de me retrouver afin d'obtenir la permission d'apposer la photo avec les enfants sur sa pierre tombale. C'était une photo qui avait été prise lors d'un Noël que nous avions passé ensemble. Barbara, dans une très belle robe, y était entourée de tous mes enfants. Inutile de vous décrire mon état pendant plusieurs jours.

Malgré tout, la vie continuait et il me fallait avancer. Une fois mon cours d'agent immobilier terminé, je me suis jointe à un bureau de courtiers à Terrebonne. Ce n'était pas très loin de chez moi. J'ai loué un petit bureau dans l'entreprise, comme cela est de mise dans ce type d'organisation.

Je savais comment remplir des promesses d'achat, je comprenais l'abc du métier, mais, bien évidemment, je n'avais encore aucune maison à vendre. Je connaissais mal le territoire où j'allais travailler, mais, comme on m'avait dit que j'avais du talent pour la vente, j'étais plutôt optimiste. Avec un peu d'aide et de chance, ça devrait démarrer assez vite. J'ai rapidement déchanté. Les courtiers immobiliers sont aussi des vendeurs et des gens très indépendants. Dans cette profession, le travail d'équipe n'existe pas vraiment et, outre la formation de base, les débutants n'ont aucune forme d'encadrement.

Avec toute ma naïveté, un beau matin, je suis entrée dans le bureau de Carmen, une courtière d'expérience. On s'est saluées courtoisement.

Étant débutante et ne connaissant pas beaucoup le territoire, je lui ai proposé de faire équipe avec elle. Nous étions les deux seules femmes.

Elle a été surprise par cette demande qui n'avait pas l'air d'être pratique courante. Séduite par ma naïveté, elle m'a demandé un temps de réflexion. Quelques jours après, nous faisions équipe.

Pendant six mois, nous avons eu beaucoup de plaisir, et une belle amitié s'est développée. Nous travaillions fort et commencions à faire notre marque dans la région. C'était une belle complicité.

Malgré notre succès, je n'étais pas heureuse dans ce domaine. Pour la première fois de ma vie, je n'aimais pas ce que je faisais.

En dépit de ses efforts pour me convaincre de rester, j'ai annoncé à ma partenaire que je lui cédais mes clients.

Je me suis remise à chercher un emploi. Un soir, je participais à une démonstration de bijoux, organisée chez une de mes connaissances. Plus d'une dizaine de personnes avaient été invitées, mais la soirée n'avait pas eu le succès escompté. Je me suis retrouvée seule avec Josée, une jolie petite blonde qui devait avoir la quarantaine. Elle était habillée avec élégance et portait des bijoux de valeur. Elle était manifestement d'une classe sociale qui ne cadrait ni avec les lieux ni avec ce type de soirées. Je me demandais ce qu'elle faisait là. Elle n'avait pas froid aux yeux, et sa manière de m'aborder m'a surprise tant elle contrastait avec ses allures raffinées :

— Hé, t'es pas une vraie femme, toi !

Je ne m'attendais pas un tel langage de sa part. Plaisantait-elle ?

— D'abord, bonsoir ! Seriez-vous en train de m'insulter ?

Elle s'est esclaffée, tête en arrière.

— C'est juste que t'as pas une seule once de cellulite !

Je me suis mise à rire. La glace était brisée. Cette étrange entrée en matière a aussi été le début d'une tout aussi étrange épopée.

Coïncidence, quelques semaines plus tard, nous nous sommes retrouvées dans la même salle de gym à Repentigny. Nous y étions toutes les deux membres depuis quelque temps, sans jamais nous y être rencontrées. Quand elle m'a aperçue, elle s'est approchée et, sans même me saluer, m'a dit :

— T'es professeur ici ?

Je me suis à nouveau mise à rire. C'était sa façon à elle de me faire un compliment. Nous avons fait quelques exercices et nous sommes sorties du gymnase ensemble. Je me dirigeais vers ma petite Mazda rouge quand j'ai vu qu'elle montait dans une rutilante Mercedes décapotable blanche.

— On devrait aller prendre un café, m'a-t-elle lancé.

— Bien sûr que oui !

Mais à en juger par ce que je venais de voir, je n'avais nullement l'intention de l'inviter dans mon modeste chez moi. J'étais bien trop fière.

Jamais je n'aurais pu penser que nous puissions avoir une quelconque relation. J'ai appris bien vite que Josée était propriétaire d'une importante entreprise de papier, dont les bureaux étaient situés à Saint-Laurent. Au moins une centaine d'employés et plusieurs millions de dollars de chiffre d'affaires.

Nous avons malgré tout commencé à nous fréquenter, jusqu'à ce qu'enfin je me résigne à l'inviter à la maison. Elle est tombée littéralement amoureuse de ma mère, à tel point qu'il lui arrivait de s'arrêter chez nous avec son mari, sans même nous avertir. Même lorsque je n'étais pas là, elle venait rire avec maman et goûter à ses petits plats. Ma mère adorait Josée. Elle prétendait que son attitude lui rappelait son Maroc d'autrefois.

J'aimais Josée et sa famille, et je préservais notre amitié de toutes mes préoccupations professionnelles. Josée n'était pas dupe et savait que, par fierté, je ne demandais jamais rien. Un samedi, lors de l'une de ses visites inopinées, elle a remarqué mon air soucieux. Elle était à l'aise chez moi et n'hésitait pas à ouvrir le réfrigérateur pour se servir. Elle a remarqué, sans rien dire, que, ce jour-là, il était loin d'être bien garni. Elle a prétexté avoir un rendez-vous en me promettant de revenir plus tard. Ce qu'elle a fait, mais les bras chargés de victuailles. Très émue, les yeux pleins de larmes, je l'ai remerciée, mais lui ai fait comprendre que je ne pouvais accepter. C'était trop pour ma fierté. Elle m'a donné un coup d'épaule :

— Mêle-toi de tes affaires. C'est pour maman Eliane et les enfants.

Quelques mois après, elle m'a proposé de visiter son entreprise, comme ça, pour le plaisir. Cette bougresse, sous des extérieurs rustres, me traitait avec beaucoup de délicatesse. Quand nous sommes arrivées sur place, c'est le directeur général qui, seul, m'a fait visiter les installations. C'était magnifique. L'endroit était lumineux, impeccable et décoré avec beaucoup de goût. Il y avait des plantes partout. À la fin de la visite, il m'a reçue dans son bureau pour m'informer, d'un ton très froid, qu'il avait pour mandat de me faire une offre d'emploi au sein de l'entreprise. Il m'a informé qu'il n'était pas du tout d'accord, qu'il ne me connaissait pas et que je n'étais pas du domaine.

Je lui ai dit qu'il avait raison et que je comprenais sa position.

Après l'avoir remercié, j'ai quitté son bureau pour aller rejoindre Josée. Ma chère Josée, qui faisait tout pour ménager ma fierté…

Notre retour à Repentigny a été plus silencieux qu'à l'accoutumée. C'est elle qui a brisé la glace en me demandant comment l'entrevue s'était déroulée.

— Josée, pourquoi tu ne m'en as pas parlé ? Je ne connais rien dans ton domaine. Je ne peux accepter.

— Danièle, je ne fais rien par charité. J'ai besoin de toi à mes côtés. Je t'expliquerai en temps et lieu. Pour le moment, je te demande d'accepter cet emploi bien payé, que ça plaise ou non à mon directeur général.

Le lundi suivant, j'étais installée dans un petit bureau à cloisons vitrées, assignée aux ventes internes. L'accueil que m'avait réservé l'équipe m'avait bien fait comprendre que je n'étais pas la bienvenue. Les semaines qui ont suivi ont été difficiles. J'ai dû tout apprendre par moi-même, la plupart du temps en écoutant les conversations téléphoniques des autres employés avec les clients.

Quelques semaines plus tard, alors que je me familiarisais tant bien que mal avec ma nouvelle fonction, j'ai vu entrer trois messieurs en costumes sombres et à la mine austère. Ils se sont dirigés d'un pas déterminé vers le bureau de Josée.

Son bureau était aussi entièrement vitré, et je n'ai pu m'empêcher d'observer ce qui s'y passait. Ça brassait. Je l'ai vue prendre le téléphone, puis j'ai entendu mon nom à l'interphone :

— Madame Henkel, dans mon bureau, s'il vous plaît.

Tout le monde dans l'aquarium m'a regardée me diriger vers le bureau de Josée. Quand j'ai ouvert la porte, ses premiers mots ont eu sur moi l'effet d'une douche froide :

— Messieurs, je vous présente Mme Danièle Henkel, mon adjointe, responsable des affaires juridiques.

J'étais abasourdie et, en même temps, j'essayais de la déchiffrer et de comprendre ce qu'elle attendait de moi en la regardant dans les yeux. Elle a poursuivi :

— Ces messieurs sont des banquiers. Ils sont ici pour remercier tout le monde et fermer la compagnie.

Mon cerveau fonctionnait à la vitesse de l'éclair. J'étais dans un véritable jeu de rôle. Il fallait improviser.

— Messieurs, ai-je dit en les fixant froidement, est-ce que vous avez un document qui justifie votre action ?

— Pas encore, madame, mais dans 24 heures…

C'est alors que j'ai regardé Josée :

— Il faudrait appeler nos avocats.

J'improvisais.

Josée me suivait. Elle s'est empressée de prendre le téléphone et de parler à son avocat en lui expliquant ce qui se passait. Quand elle a mis fin à la conversation, j'ai compris qu'on avait gagné du temps.

— Messieurs, a-t-elle dit, vous ne parlerez à personne dans cette entreprise pour le moment. Nous allons manger et, au retour, je vous donnerai les papiers nécessaires au règlement de la situation.

Nous venions de remporter une première bataille sans même en avoir parlé d'abord. À la fin de cette journée complètement folle, j'ai demandé quelques explications à Josée.

Selon ce qu'elle m'a raconté, un conflit entre elle et son frère quant à la gestion de l'entreprise était à l'origine de la visite des banquiers.

Quelques jours plus tard, voyant la situation se corser, le directeur général a abandonné le premier le bateau, suivi de la plupart des employés. Seuls une dizaine d'entre eux ont fait preuve de loyauté en accompagnant Josée jusqu'au bout. Nous avions réussi à empêcher la fermeture de l'entreprise, mais nous n'avions plus aucun soutien financier. La banque venait de « tirer la *plug* ». Notre survie ne dépendait que de la récupération de toutes les sommes dues par nos clients afin de pouvoir payer nos fournisseurs. Il nous arrivait de travailler 20 heures sur 24. Nous avons maintenu le bateau à flot pendant un an, jusqu'à ce que Josée paye tous ses fournisseurs en s'assurant d'une saine gestion des comptes de nos clients. C'est elle-même qui a décidé de la date de fermeture. Que de sacrifices, que de travail… Mais quel apprentissage pour moi !

Après cet épisode douloureux, nous avons continué à nous fréquenter. Josée était toujours la bienvenue à la maison. Nous tentions de nous encourager et de nous épauler. Mais la vie allait nous séparer. Elle a entamé une importante carrière de représentante, toujours dans l'industrie du papier, alors que je commençais à m'interroger sur mon avenir professionnel.

J'ai été interpellée par une annonce dans le journal, qui proposait une formation accélérée en commerce international. Il s'agissait d'un programme gouvernemental fédéral-provincial visant à former des agents de commerce international. En 1995, le Canada avait soif de contrats à l'étranger, et l'idée d'avoir des ressources humaines formées en défrichage en ce domaine était tout à fait dans l'air du temps.

Plus de 400 personnes dans tout le pays avaient postulé et passé les tests et les examens. Seules 15 d'entre elles, dont 3 femmes, ont été acceptées. J'avais le grand plaisir d'en faire partie. Les défis à relever étaient nombreux. Nous recevions une rémunération de 300 dollars par semaine pendant la formation qui se donnait à Longueuil. Pendant 6 mois, mes journées ont commencé à 6 heures du matin pour se terminer 12 heures plus tard.

Nous apprenions à une vitesse folle, mais ce n'était pas étonnant puisque cette formation devait normalement s'étaler sur deux ans. La plupart de nos travaux se faisaient en équipe. Au début, j'ai eu quelques difficultés au sein du groupe, à cause de certaines de mes idées bien arrêtées, qui ne faisaient pas toujours l'unanimité. Après avoir mis un peu d'eau dans mon vin, j'ai vite pris le rythme, et tout s'est passé au mieux.

À deux mois de la fin du programme, la directrice nous a fait part d'un important projet que nous aurions à mener dans le cadre de la formation. Nous devions organiser nous-mêmes un voyage au cours duquel nous aurions à représenter de véritables entreprises et tenter de conclure des accords commerciaux de fabrication ou de distribution. Le pays choisi était la

Chine, et ce travail représenterait 50 % de la note finale. Rien de moins.

Nous devions nous-mêmes financer notre voyage et, pour chaque dollar trouvé, le gouvernement canadien ajouterait un dollar. Évidemment, plus nous amassions d'argent, meilleures étaient nos chances de monter un projet intéressant.

Certains envisageaient l'organisation de soupers spaghettis ou la vente de chocolats pour financer leur voyage; d'autres voulaient mettre en place des lave-autos. Je ne comprenais pas. Nous étions tous des adultes, des gens d'expérience, des diplômés. Il fallait qu'on nous prenne au sérieux. Au cours d'une réunion d'équipe, j'ai proposé de créer une compagnie en bonne et due forme et de proposer nos services à des entreprises qui nous confieraient le mandat bien réel et rémunéré de les représenter en Chine, afin d'essayer de conclure en leur nom des ententes. Il me semblait que nous avions tout à gagner en matière de crédibilité.

Je me souviendrai toujours de cet ingénieur roumain faisant partie de notre groupe qui m'a traitée de folle et m'a lancé son crayon en me disant de cesser avec mes idées de grande dame qui avait travaillé dans les ambassades. J'ai tout simplement regardé calmement autour de moi en demandant : « Qui embarque avec moi ? » Deux mains timides se sont levées. Deux hommes, Yvon et Jean-François, qui risquaient le coup avec moi. Ce dernier est ensuite devenu un partenaire d'affaires.

Je me suis mise au travail entre les cours et les examens qui se poursuivaient. Je suis allée rencontrer un imprimeur que j'avais connu par Josée, pour lui demander de me faire, gracieusement, un logo, des cartes professionnelles et du papier à lettres pour notre entreprise qui s'appellerait Visées Mondiales.

J'étais excitée par ce projet. C'était ma première compagnie et je m'étais assigné le rôle de leader. J'avais le sentiment que c'était le début d'une grande aventure.

Me basant sur ce que je savais faire, j'ai ensuite décidé d'organiser un événement-bénéfice qui me permettrait de présenter à la communauté d'affaires montréalaise les objectifs de Visées Mondiales. Nous avons tout préparé avec beaucoup d'excitation. Les négociations avec l'hôtel Holiday Inn dans la rue Sherbrooke Est, la vente des billets à 150 dollars, l'envoi des convocations aux médias et les invitations spéciales, notamment de personnalités politiques.

J'agissais toujours au nom des 15 membres de l'équipe, y compris ceux qui continuaient à organiser de leur côté leurs soupers spaghettis. Finalement, l'événement a été un véritable succès. Nos objectifs financiers ont été largement dépassés, et nos efforts soutenus ont porté fruit. Tous les membres du groupe, heureux de la tournure des événements, m'attendaient dans le hall de l'hôtel avec un immense bouquet de fleurs :

— Danièle, on est désolés d'avoir douté de toi.

Nous nous sommes tous embrassés. Lors du dîner que nous avions organisé, les entreprises que nous avions sollicitées étaient présentes, dont une compagnie d'échafaudages hydrauliques de Lanaudière que j'avais recrutée et qui m'avait confié le mandat de la représenter en Chine. Jean-François et moi allions faire comprendre aux ingénieurs et aux entrepreneurs chinois que l'ère des échafaudages en bambou était révolue. Chaque année, des centaines d'ouvriers mouraient lors d'effondrements de structures de ce type, largement utilisées dans la construction. Et comme la Chine connaissait un boom incroyable, nous étions convaincus qu'on arrivait au bon moment et qu'on nous écouterait d'une oreille intéressée.

Ce voyage en Chine a été épuisant, mais la formation que nous avions reçue pendant plusieurs mois a incontestablement contribué à nous rendre plus efficaces. Jean-François et moi avons obtenu une entente. Nos efforts de représentation avaient porté leurs fruits.

Ça n'avait pas été de tout repos. Malgré cette solide formation, je me souviendrai toujours du choc éprouvé lorsque je me suis retrouvée, seule femme, au milieu d'un demi-cercle formé par 12 professionnels chinois de la construction et d'agents du parti unique. Je leur ai expliqué le but de ma présence par le truchement d'un interprète. Il fallait que je leur vante la technologie des échafaudages de notre client. J'étais pétrifiée. Pendant que je dissertais, j'observais chacun des hommes, essayant de lire dans leur regard. Petit à petit, j'ai senti qu'ils m'écoutaient de plus en plus attentivement et que j'avais capté leur attention.

Au bout de plusieurs rencontres, nous avons réussi à convaincre une ingénieure multimillionnaire, Mme Wong, de venir rencontrer notre client à Le Gardeur. Il n'arrivait pas à croire qu'il allait peut-être vendre ses produits à l'international.

À peine un mois après notre retour, Mme Wong s'est présentée avec sa cour à Mirabel. Nous étions là pour l'accueillir et, dès le lendemain, une première rencontre de négociations a eu lieu. Les choses se sont bien déroulées jusqu'à ce que notre client prenne peur. Il craignait que les Chinois copient sa technologie ! Il refusait tout à coup de faire des affaires. Nous n'avons pas réussi à le rassurer.

L'entente n'a jamais eu lieu. J'étais découragée. Plusieurs mois plus tard, l'homme m'a rappelée en disant qu'il était maintenant prêt à discuter avec les Chinois. C'était bien mal les connaître. Mme Wong ne s'est plus jamais intéressée à lui.

Malgré cet «échec», j'ai cru pendant un certain temps que j'allais faire carrière comme agent de commerce international. Jean-François était un bon partenaire. Au début de 1996, nous nous sommes associés dans une nouvelle compagnie. Je débordais d'énergie, et 1000 nouvelles idées me trottaient dans la tête. J'aimais profondément ce sentiment de liberté propre à l'entrepreneuriat et j'étais consciente d'avoir des talents que je pouvais mettre à profit dans ce domaine.

Malheureusement, le commerce international ne me faisait pas vivre, et l'insécurité propre au démarrage d'une entreprise n'allait pas de pair avec le soutien d'une famille. Nous avions trouvé un client qui avait inventé un produit chimique révolutionnaire pour traiter l'eau des piscines. De mon sous-sol à Repentigny, où nous nous étions installés, Jean-François et moi, équipés d'ordinateurs d'occasion, nous essayions de le faire percer aux États-Unis. Quelques centaines d'heures d'accompagnement, de négociations et de déplacements pour lesquelles nous n'avons jamais été rémunérés. N'ayant pas les moyens de faire appel aux services d'un avocat, nous avons abandonné. J'ai recommencé à vendre des produits Tupperware, question de conserver mes économies accumulées lors de mes emplois précédents.

Les journées bien remplies commençaient à 6 heures avec les enfants et se terminaient souvent vers 23 heures, après les soirées de vente. Il y avait aussi la santé de ma mère qui continuait de se détériorer: problèmes de circulation, d'emphysème et d'embonpoint. Elle souffrait aussi d'hypersensibilité alimentaire, mais je ne l'ai compris que plus tard.

Je crois que cela m'affectait plus qu'elle-même. Voir ma mère chérie, mon rempart, diminuée de la sorte m'était insupportable. Son déracinement avait-il contribué à accélérer la détérioration de son état de santé ?

Notre compagnie vivotait et nous étions à court d'idées. Un soir, je suis rentrée chez moi encore plus fatiguée qu'à l'accoutumée. J'avais mal à l'âme et aux muscles. J'ai pris une douche très chaude dans l'espoir de retrouver cette sensation de bien-être et de détente propre aux hammams. Le rituel de l'exfoliation me manquait. J'avais besoin d'être revigorée et stimulée. À ce moment-là, j'aurais payé cher pour avoir un gant d'exfoliation de chez nous... Mais voilà ! C'était peut-être ça, l'idée que je cherchais ! Pourquoi ne pas en créer un ?

J'étais fébrile et empressée de sortir de la douche pour partager mon idée avec Jean-François. Je n'avais même pas réalisé qu'il était déjà 22 heures... Sa réaction a plutôt été celle d'un homme déjà passablement endormi. Je n'ai pu fermer l'œil de la nuit tant ça bourdonnait dans ma tête.

Jean-François était loin de partager mon enthousiasme, et avec raison... Il était logique et objectif. Les habitudes ne sont pas les mêmes en Amérique du Nord. On utilise des débarbouillettes, des gants de crin, des brosses. Vendre mon produit nécessiterait des démonstrations, de grands coups de publicité et surtout impliquait des changements d'habitudes. D'un sourire piteux, il m'a rappelé que nous n'étions pas millionnaires.

Ne voulant pas renoncer à mon idée, j'ai commencé à faire quelques petites recherches sur Internet. En 1996, le Web n'était pas ce qu'il est aujourd'hui et je passais beaucoup de temps à essayer de trouver de l'information pertinente.

Jean-François a fini par accepter le projet. Notre formation d'agents à l'international nous a été très utile. Nous découvrions tellement de choses intéressantes sur la dermatologie, les produits cosmétiques, la peau et ses maladies... Nous entrions dans un monde qui est devenu ma passion.

Après avoir cherché en Asie et en Amérique centrale, je n'arrivais toujours pas à trouver un produit comparable à ce que j'avais connu en Afrique du Nord. J'ai envisagé la possibilité de le fabriquer moi-même au Québec. J'ai monté un dossier complet sur le sujet. J'ai essayé de le vendre à Développement économique Canada. Je me proposais d'acheter les machines de fabrication et d'encadrer mon projet d'un programme d'emploi favorisant l'intégration de personnes handicapées. Je n'ai eu aucune écoute.

Nullement découragée, je suis allée rencontrer un important fabricant de tissus de l'ouest de Montréal, près de l'autoroute transcanadienne, pour voir s'il lui était possible de fabriquer le textile dont j'avais besoin. Il ne pouvait pas, mais m'a proposé quelque chose de similaire, à condition que je commande des quantités importantes. Pour un test, je ne pouvais me le permettre.

J'ai cherché d'autres solutions. Après maintes recherches et négociations, je pensais avoir trouvé la fibre tant recherchée. J'ai passé une première commande de 2000 gants à un fabricant chinois, question de tester le marché. Quelle déception ! Presque le tiers de la commande était inutilisable, et j'ai dû reprendre les finitions avec maman.

J'allais de blocage en blocage lorsque finalement j'ai décidé d'étudier le marché de l'Afrique du Nord. Après tout, c'était là, l'origine de ces produits, et ils y étaient largement utilisés depuis des lustres. J'ai découvert deux fournisseurs qui me semblaient intéressants, surtout celui des deux qui utilisait une fibre plus naturelle.

Il fallait que je me déplace, je n'avais pas le choix. Je me suis envolée vers le Maroc pour un séjour d'une semaine que j'espérais lucrative, car nos petites économies ne nous permettraient pas de tenir bien longtemps. Dès mon arrivée, j'ai rencontré le propriétaire qu'on appellera M. Mohamed, un bel homme d'une soixantaine d'années. Il était sympathique et m'inspirait confiance. J'ignorais alors qu'il deviendrait l'un des partenaires les plus importants de mon aventure. Il était à la tête d'une entreprise familiale également dirigée par ses deux fils.

Lors de la première rencontre, je leur ai expliqué d'où je venais et quelle était la nature de mon projet. Ils semblaient intrigués. Ça a été une négociation de plusieurs jours. Loin des miens, je me sentais seule, et, la fatigue n'aidant pas, j'essayais de canaliser le peu d'énergie qui me restait afin d'être attentive aux détails. Il ne fallait surtout pas que je laisse paraître mes doutes et le peu de ressources financières dont je disposais.

J'ai réussi à gagner leur confiance. Il ne me restait plus qu'à les convaincre. Je les ai invités à Montréal. J'avais presque oublié que ma compagnie se limitait à deux personnes, au sous-sol d'une maison à Repentigny.

Après cette semaine épuisante, je crois que je n'ai jamais autant ressenti le besoin de rentrer chez moi, de retrouver le confort rassurant de ma maison et l'affection des miens.

J'étais convaincue que nous avions trouvé le bon partenaire et, dès mon retour à Montréal, je me suis empressée de le dire à Jean-François. Il était impossible de les recevoir au sous-sol de ma maison, et nous avons dû chercher des bureaux plus professionnels. Jean-François, que j'épuisais avec toutes mes initiatives presque loufoques, m'a aidée à trouver des bureaux qu'on pouvait louer au mois avec tous les services : réception, secrétariat, téléphone, salle de conférences, etc. Ces bureaux étaient situés au onzième étage d'un édifice de la rue Sherbrooke Ouest. C'était parfait !

Quelques mois plus tard, M. Mohamed est arrivé, accompagné de l'un de ses fils. J'étais fière et heureuse de les recevoir, même si cela avait été au prix de plusieurs sacrifices. Quelquefois, Jean-François prétextait des rendez-vous de dernière minute pour éviter de nous suivre au restaurant à l'heure des repas. Un bon moyen pour ne pas alourdir l'addition. Pour ma part, prétextant un appétit d'oiseau, je me contentais d'une petite salade et d'un café.

Pendant leur séjour, j'ai tenté aussi de leur faire découvrir Montréal. Je les ai même emmenés en croisière sur le Saint-Laurent. Ils sont également venus à la maison. Je leur ai présenté maman, qu'ils ont tout de suite aimée. Elle avait vraiment le tour de se faire des amis. Déjà bien préparée à ce que serait mon futur marché, je leur ai fait visiter des salons de beauté, des centres de massothérapie et même des pharmacies.

Nous avons négocié petit à petit les détails de notre entente. Je voulais entre autres, afin de tester le produit et sa réception sur le marché, débuter par quelques échantillons seulement. Ce qu'ils ont accepté de faire.

Quand ils sont repartis, nous nous étions entendus sur tout. Un véritable partenariat d'affaires était né. Plus encore, au fil des années, la famille de M. Mohamed est devenue très proche de la mienne. Nous nous sommes liés d'une profonde amitié qui dure encore aujourd'hui.

J'ai décidé d'appeler mon gant le « gant Renaissance ». Un nom que je trouvais parfait compte tenu de la double signification qu'il évoquait. Si ce gant permettait à la peau de renaître et de retrouver une nouvelle jeunesse, il était aussi pour moi le symbole de ce que j'entrevoyais déjà comme une nouvelle vie. Ma vie d'entrepreneure.

Mais mon combat pour la fabrication et la distribution du gant Renaissance n'était pas le seul. Il fallait que je sois aidée financièrement, et aucune institution bancaire n'était prête à soutenir une entrepreneure qui proposait un produit pour lequel le marché n'était probablement pas prêt. J'allais de refus en refus, même après avoir commencé à vendre les premiers échantillons.

Pendant que Jean-François s'occupait de l'administration, je passais mes journées et mes soirées à faire du porte-à-porte pour vendre mes gants. Je ne rentrais pas à la maison avant d'en avoir vendu au moins pour 200 dollars.

Pour accélérer le processus de vente, j'avais innové en imaginant un présentoir qui me permettait de proposer le gant Renaissance à la douzaine et en quatre couleurs différentes.

En quelques mois, j'ai réussi à en vendre pour près de 100 000 dollars. Convaincue que c'était suffisant pour entreprendre une nouvelle tournée des banques, je me suis présentée à la Banque de développement du Canada (BDC) avec un dossier très bien préparé. Après plusieurs rencontres, on a accepté de nous accorder un prêt de 25 000 dollars dans le cadre d'un programme de démarrage d'entreprise. Mais comme il ne s'agissait pas d'une banque à charte, il fallait que je dispose d'une marge de crédit. J'allais d'une bonne nouvelle à une mauvaise.

Après une courte période de découragement, j'ai repris mon bâton de pèlerin… pour me heurter encore aux refus répétés d'une bonne dizaine de banques à charte, jusqu'à ce que la BDC me recommande de rencontrer la directrice d'une succursale d'une banque, au centre-ville. Il semblait que cette personne pouvait être plus réceptive à des projets comme le nôtre.

Je m'y suis présentée avec Jean-François. Nous avons plaidé notre cause, munis d'une lettre de confirmation de prêt de la BDC. Nous ne demandions pas la lune, seulement une marge de 5000 dollars. Notre interlocutrice nous a écoutés sans plus, nous a remerciés, et nous sommes repartis avec la promesse d'une réponse la semaine suivante.

Jean-François était convaincu que ça ne marcherait pas. Habituée à décoder les gens par leur langage non verbal ou encore l'expression de leurs yeux, je n'avais strictement rien perçu chez cette femme froide, impénétrable, qui nous avait écoutés sans exprimer la moindre émotion. Je ne l'ai pas dit à Jean-François, mais j'étais inquiète, moi aussi.

L'insomnie devenait courante. Dans mon cas, c'était un demi-mal, car je me contentais de quatre ou cinq heures de sommeil par jour. Mais la situation était stressante. Pas de marge, pas de financement et peut-être plus de compagnie à très court terme.

Le jour J est arrivé. La banquière nous a appelés et nous a demandé de nous présenter à sa succursale. Quand je suis entrée dans son bureau, j'avais mal au ventre et mon cœur battait si fort que j'avais l'impression qu'elle pouvait l'entendre.

Toujours aussi impassible, elle nous a salués rapidement et est entrée immédiatement dans le vif du sujet :

— Pensez-vous faire des profits cette année ?

Sans attendre une seconde, je me suis empressée de répondre que oui. Sans même calculer.

— Vous savez, madame, nous sommes sans salaire, nous travaillons sans relâche et nous croyons à notre projet. Faites-nous confiance.

Pour la première fois, elle a esquissé un petit sourire.

— Parfait, a-t-elle dit, je vous accorde une marge de 5000 dollars.

Je n'entendais plus rien. En cinq minutes, elle venait d'alléger des mois de stress et d'incertitude. Sans m'en rendre compte, je me suis levée d'un bond, les bras ouverts. En bonne Méditerranéenne, je l'ai prise dans mes bras et je l'ai embrassée sans même lui demander la permission. Elle ne s'y attendait vraiment pas. Jean-François était très ému. Elle nous avait fait confiance. Jamais je ne l'ai oubliée.

L'expérience aidant, je me suis rendu compte que, quel que soit le logo affiché à leur entrée, les institutions financières sont régies par les mêmes règles. Seuls certains interlocuteurs sauront faire la différence si vous parvenez à leur prouver qu'ils peuvent avoir confiance en vous.

Je me sentais plus motivée que jamais. Je me suis mise à penser à la présentation de mes produits, j'ai travaillé mes emballages et les couleurs avec ce même imprimeur qui m'avait commanditée pour Visées Mondiales. Lorsqu'il m'a vue arriver pour discuter de ce nouveau projet, il s'est écrié :

— Ah non, pas encore elle !

On vendait de plus en plus de gants, et les banques commençaient à porter un regard différent sur nous. Les années 1998 et 1999 ont été déterminantes. Je devenais « la femme du gant Renaissance » et, doucement, j'ai fait ma place dans le monde des affaires. Ma détermination a même été récompensée par un premier signe de reconnaissance de ce milieu difficile et j'ai eu l'honneur de recevoir le prix de l'entrepreneure de l'année 1999, décerné par le Réseau des femmes d'affaires du Québec.

Les journées étaient longues. Le soir, après m'être occupée de la maison, je veillais aux devoirs des enfants, avec qui j'essayais de passer le plus de temps de qualité faute d'avoir beaucoup d'heures à leur consacrer. Ensuite, en plus de travailler de 16 à 18 heures par jour, je réfléchissais aux méthodes que je pourrais mettre en œuvre pour former les esthéticiennes et les aider à mieux comprendre les bienfaits de l'exfoliation. J'étais persuadée que l'on pouvait agir sur le bien-être et la santé sans avoir nécessairement recours à des méthodes quelquefois plus invasives. Bien sûr, certaines sont indispensables. Je n'étais pas médecin, mais je m'interrogeais sur des méthodes qui me paraissaient parfois excessives. Je lisais, je m'informais. Je suivais l'évolution des technologies liées à la beauté et au mieux-être.

En d'autres termes, alors que ma petite affaire progressait, j'ai affiné une vision de la beauté, du bien-être et de la santé, qui me sert toujours de fil conducteur. Le développement d'une entreprise se fait rarement de façon linéaire ou totalement organisée et planifiée. Il répond aussi à certaines intuitions qui peuvent largement contribuer à son succès.

Les années suivantes m'ont aussi fait comprendre que la vie n'est qu'une série d'apprentissages plus formateurs les uns que les autres, aussi dramatiques soient-ils. L'an 2000 me le rappellera.

Eliane Zenati : ma maman universelle

~

Mon Dieu, donnez-moi la sérénité d'accepter les choses que je ne puis changer,
le courage de changer les choses que je peux et la sagesse d'en connaître la différence.
Saint-François d'Assise

Les années 1999 et 2000 allaient être particulièrement marquantes à plusieurs égards. Probablement la période la plus importante de ma vie avec celle de mon départ de l'Algérie pour le Canada.

Mon partenaire Jean-François m'a annoncé au début de l'année 1999 qu'il quittait l'aventure. Pour dire les choses simplement, il n'en pouvait plus. Déchiré entre ses obligations familiales et les sacrifices imposés par une entreprise en démarrage, il m'a proposé de racheter ses parts. Il a fallu aussi que je change le nom de l'entreprise, qui est devenue Les Entreprises Danièle Henkel inc.

Entre-temps, nous nous étions installés dans un petit local de 900 pieds carrés sur le boulevard Poirier à Saint-Laurent.

J'aurais pu me retrouver seule boulevard Poirier, mais ça n'a été pas le cas. C'étaient les vacances scolaires et j'ai proposé à mon aînée Linda, qui avait alors 23 ans et qui étudiait en communication, de m'aider, le temps de trouver quelqu'un. Elle n'a jamais quitté et occupe aujourd'hui le poste de vice-présidente de l'entreprise.

Même si tous mes enfants faisaient des études collégiales ou universitaires, ils participaient tous aux travaux de la maison et aux dépenses liées à leurs études en travaillant certains soirs ou fins de semaine. Issue d'une culture où les parents ont le devoir de subvenir aux besoins de leurs enfants, j'acceptais avec beaucoup de difficulté de les voir travailler tant alors qu'ils étaient si jeunes. Ils le faisaient pourtant très naturellement et ils s'entraidaient beaucoup. Ils n'ont jamais été une source d'inquiétude pour moi. Leur maturité et l'affection profonde qui nous liait me permettaient de les considérer, à certains égards, comme des conseillers ou des confidents.

C'est d'ailleurs ce genre de relation privilégiée qui m'a amenée, pendant cette période, à leur confier que ça ne fonctionnait plus entre leur père et moi, que notre couple battait de l'aile. Quelques années auparavant, alors que je travaillais dans l'immobilier, j'avais fait la connaissance de Mark. C'était une belle amitié. Il était gentil, attentionné et toujours prêt à m'aider. Il m'encourageait beaucoup lorsque je traversais des moments difficiles. Nous avions développé une belle complicité, et mon statut de femme mariée avec quatre enfants ne nous permettait pas d'envisager un autre genre de relation. Au début de l'année 2000, voyant que nos sentiments avaient évolué vers une relation amoureuse, j'ai décidé d'en faire part à mes enfants et à Ahmed, en prenant soin de ne rien laisser paraître à ma mère, pour qui le mariage était sacré.

Nous étions tous attristés par cette situation, et je crois que c'est mon fils Kader qui a mis le plus de temps à l'accepter. Il considérait, avec raison, que son père était un homme exceptionnel. Il ne comprenait pas que je puisse l'abandonner. Malheureusement, les aléas de la vie nous avaient éloignés peu à peu. Ce n'était la faute ni des enfants, ni d'Ahmed, ni de la mienne. C'était comme ça. La solidarité familiale a pris le dessus.

Entre Ahmed et moi, il y a toujours eu un respect inébranlable. Je n'avais rien à lui reprocher. C'était un homme d'une grande sagesse, intelligent et érudit. Jamais il n'aurait cru qu'un jour nous nous séparerions. Il était en état de choc.

Bien que laissée dans l'ignorance, maman était loin d'être dupe. Elle s'inquiétait et me posait beaucoup de questions. Ahmed et moi avions convenu que je serais celle qui l'annoncerait à maman au moment opportun.

Au travail, les choses fonctionnaient bien avec Linda. J'avais réussi à la convaincre de suspendre ses études un an. Elle apprenait les rudiments du métier et me permettait de me consacrer au développement. Je venais d'obtenir les droits de distribution d'une nouvelle gamme de cosmétiques avant-gardiste, Oxygen Botanicals, qui correspondait parfaitement à la vision que je me faisais des soins de beauté naturels. Notre réseau de distribution grandissait et nous avions recruté deux personnes pour agrandir l'équipe.

C'est alors que la santé de maman a commencé à se détériorer très rapidement. Ses poumons, sa circulation sanguine, son poids, ses yeux devenaient des sources de préoccupation majeures. Les rendez-vous à l'hôpital, auxquels j'assistais toujours, se multipliaient. À la maison, j'essayais de faire ce que je pouvais pour l'aider.

J'étais littéralement paniquée à l'idée de voir ma mère dépérir de cette façon. Je vivais une situation familiale quelque peu complexe et je devais être plus présente auprès de mes enfants, tout en gérant une entreprise qui, elle aussi, nécessitait plus de temps. Pour une fois, je ne voyais pas le bout du tunnel.

Peu après, maman a été transportée à l'urgence de l'hôpital Le Gardeur, où je l'ai rejointe en catastrophe. On était en octobre 2000. Ça a été le début d'une période qui m'a semblé très longue, où jamais je ne l'ai laissée seule. Tous les matins, je m'occupais de son petit-déjeuner, je faisais sa toilette. Le soir, je lui apportais un repas chaud avant de la préparer pour la nuit. Je m'assurais de décorer sa chambre avec les roses qu'elle aimait tant. Je lui apportais même des gants Renaissance qu'elle s'empressait d'offrir aux autres patients et au personnel. J'avais l'impression de faire partie des murs. Tout le personnel hospitalier me connaissait.

Maman a commencé à faire des hémorragies de façon régulière et a été très souvent transfusée. Elle s'affaiblissait, et les médecins ont découvert une tumeur cancéreuse au côlon. Il fallait l'opérer rapidement. Ils lui ont demandé son consentement, qu'elle a refusé de donner en me confiant la responsabilité de cette décision.

Je crois qu'elle avait peur. Elle était désemparée et ne savait quoi répondre. Sa porte de sortie, sa planche de salut, c'était moi. C'est pourquoi elle a répondu tout naturellement :

— C'est ma fille qui prendra la décision. Elle sait ce qui est bon pour moi.

Je lui en voulais presque, mais je comprenais. Elle n'avait que 50 % de chances de s'en sortir, puisqu'elle souffrait aussi d'emphysème. Ne pouvant assumer seule le poids de cette décision, j'ai discuté avec mon frère qui était aussi désemparé que moi. Elle a été opérée deux jours après. Pendant les 2 heures qu'a duré l'opération, j'avais l'impression d'être avec elle :

« Maman, reviens-moi, ne m'abandonne pas, je ne suis pas prête. »

J'étais là à son réveil. Elle allait bien.

Dès le lendemain, elle a commencé à montrer des signes d'agitation tels que les infirmières ont dû l'attacher. Ses organes se détérioraient les uns après les autres, à une incroyable vitesse. Tout allait si vite. Je ne comprenais pas ce qui se passait. J'étais impuissante. Elle a plongé dans un profond coma qui a duré presque cinq semaines. Elle a été placée aux soins intensifs où elle est restée jusqu'à son décès.

Je n'ai pas de mots pour décrire mon état. Je ne pouvais pas la quitter. J'étais à son chevet 23 heures sur 24. Je la quittais à peine le temps de prendre une douche. Les infirmières avec qui je m'étais liée d'amitié essayaient quelquefois de gentiment me mettre dehors :

— Madame Henkel, vous avez quatre enfants, rentrez à la maison.

Malgré tout le respect que je leur portais, leurs conseils restaient vains. Plus rien ne comptait.

Quand je le pouvais, je la lavais. Ma mère avait une peau magnifique et d'une incomparable douceur. Le seul fait de la caresser me réconfortait. Elle sentait naturellement bon. Cela m'avait toujours intriguée. C'était incroyable ! Je coiffais longuement ses cheveux fins, je la caressais, lui chantais des chansons douces et lui parlais. Je la suppliais de ne pas partir, de reprendre ses forces. Inlassablement. J'en avais fait ma prière.

Ses heures étaient comptées. Doucement, les médecins m'ont préparée à son départ.

Le 12 novembre, je m'en souviens comme si c'était hier, je me suis approchée de son lit et, pour la première fois, d'une voix calme, je lui ai dit :

— Maman, je ne veux plus que tu souffres. Tu peux partir en paix. Ne t'inquiète pas, je suis correcte.

Après ces mots difficiles à prononcer, je suis rentrée à la maison prendre une douche, comme à l'accoutumée. J'étais tellement épuisée ce jour-là que j'ai dormi quelques heures.

C'est à cinq heures du matin que j'ai reçu l'appel fatidique. On m'a fait comprendre qu'elle en était à ses derniers souffles. J'étais pétrifiée. Je ne comprenais pas ce qu'on me disait. Même si je m'étais préparée, je n'étais pas parvenue à me résigner à cette idée, et toutes sortes d'émotions m'ont envahie. Une immense peine, mais aussi de la colère et un incroyable sentiment d'injustice. En pleurs, j'ai prévenu toute la famille, y compris mon frère qui, sachant que la fin était proche, avait passé les nuits précédentes chez moi avec les siens. Je devais puiser dans le peu d'énergie qu'il me restait pour dire à tous ces gens, l'un après l'autre :

— Maman s'en va, maman s'en va.

J'ai sauté dans ma voiture et je me suis précipitée à son chevet. Le médecin était présent. Il m'a informée que ce n'était plus qu'une question d'heures. J'avais réussi à joindre nos amis proches. Jean-François, Mark, Josée, Louise, et quelques autres étaient présents.

Maman s'est éteinte à 10 h 5. Mon neveu musulman, Amr le fils de Norredine, a récité une prière. Mark, qui avait commencé à intégrer la famille, portait sa kippa et lisait la Torah pendant que l'aumônier catholique de l'hôpital donnait à maman les derniers sacrements. Les trois faisaient ces gestes en même temps. Un ultime tour de force de Lili, qui, même sur son lit de mort, était encore une fois parvenue à rassembler le monde en faisant fi des différences et des convictions religieuses.

Nous étions tous réunis autour de maman, au beau milieu des soins intensifs. Les médecins, les infirmières, les bénévoles qui s'étaient pris d'affection pour elle se sont tous arrêtés pour la voir et la saluer. Et comme dans un dernier sursaut, un dernier signe de la main, cinq minutes après que son décès a été déclaré, son cœur s'est remis à battre... un court instant. Nous nous regardions tous en retenant notre souffle, les yeux pleins de larmes.

Elle était belle, très belle. Enfin apaisée, elle paraissait sereine. Je la caressais inlassablement. Il me semblait que sa peau blanche n'avait jamais été aussi douce. Je lui parlais. Le visage posé sur sa poitrine, je tentais de m'imprégner de ce parfum que plus jamais je ne sentirais. Maman sentait naturellement la rose, sa fleur préférée. Incroyablement, et malgré les odeurs caractéristiques du milieu hospitalier, toute la pièce baignait dans un parfum de rose. J'aurais pu penser que l'immense peine qui me submergeait me jouait des tours, mais cet étrange phénomène avait aussi étonné toutes les personnes présentes. Son corps a été sorti de la pièce dans un impressionnant et très solennel silence.

Submergée d'émotions qui m'étaient encore inconnues, il a fallu que je me ressaisisse. Jamais je n'avais assisté à la mort d'un proche. La première que j'ai vécue a été celle de la personne la plus importante de ma vie.

Je ne connaissais pas les formalités à accomplir en cas de décès en Amérique du Nord et je n'avais en aucun cas voulu m'y intéresser pendant la maladie de maman. Je ne connaissais que les rites de la religion catholique et, ne sachant pas quels étaient ses derniers vœux, j'étais désemparée. Je ne savais quoi faire, par où commencer. Jean-François et Louise m'ont été d'une grande aide.

Nous avons organisé une cérémonie religieuse particulière avec l'aide du prêtre. Ce jour-là, l'église était pleine de gens du quartier qui avaient connu maman. Beaucoup de jeunes, amis de mes enfants, assistaient aussi, la larme à l'œil, aux adieux que nous faisions à celle qu'ils appelaient affectueusement «mamie».

J'avais même osé demander une faveur au prêtre en lui expliquant qu'Ahmed, qui avait vécu aux côtés de maman durant 27 ans, était musulman et souhaitait lui faire ses adieux selon ses rites. À la fin du sermon, Ahmed et mon neveu, debout devant le cercueil de maman, ont récité des versets du Coran pour Eliane. Incroyable, dans une église de Repentigny devant des catholiques. Nous en avons eu la chair de poule. Triste, émouvant et magique. Tout le monde pleurait.

Puis ça a été mon tour. J'ai lu un texte que j'avais écrit d'un seul souffle, le lendemain de son décès.

Maman,

À toi, notre maman adorée, notre grand-mère chérie et arrière-grand-mère bien-aimée. Nous sommes ici aujourd'hui réunis sous le même toit, la maison de Dieu, pour te prier, te bénir et te remercier d'avoir été notre pilier, notre confidente, notre joie. Tu as été l'exemple même du don de soi, de l'amour inconditionnel et du pardon.

Malgré ta grande fatigue physique, tu n'as rejoint ton Créateur que lorsque tu as été assurée que tes enfants et tes petits-enfants étaient en sécurité et capables d'accepter les choses que l'on ne peut changer. Tu aimais recevoir, nourrir et, souvent, le bien-être des autres passait avant le tien. Ta beauté intérieure et physique ne laissait personne indifférent. Partout où tu passais, respect, amour, compassion et bonheur étaient synonymes d'Eliane Zenati. Que le seigneur te bénisse!

Sache, maman, que nous t'aimons plus que les mots ne pourront jamais le dire et nous t'aimerons à jamais. Ton souvenir est gravé à jamais dans nos cœurs. Pars en paix, chère maman, car la mission qui t'a été confiée sur cette terre a été remplie.

Nous sommes privilégiés d'avoir hérité de ta richesse spirituelle et nous nous efforcerons d'en faire le meilleur des usages. Tu as été notre ange de lumière sur cette terre. De ta nouvelle demeure, nous te demandons de prier pour nous afin que nous puissions traverser cette épreuve avec le courage dont, toi, tu as toujours fait preuve.

Repose en paix maintenant. Vole, vole, vole aussi haut que tu le veux, va vers ton Créateur, laisse-toi emporter sur les ailes blanches de tes anges gardiens. Au revoir, maman, et sois heureuse! Tu l'as gagné, ton paradis.

Mon Dieu, donnez-moi la sérénité d'accepter les choses que je ne puis changer, le courage de changer les choses que je peux et la sagesse d'en connaître la différence!

Le deuil a été extrêmement pénible, tant pour moi que pour mon entourage. Je me rendais deux fois par jour sur la tombe de maman, au cimetière Notre-Dame-des-Neiges, pour y crier ma rage. Je lui disais:

— Tu as toujours tout pris de moi, tu as mis ta vie sur mes épaules, je t'ai tout donné et tu es partie, tu n'en as pas le droit! Je suis vidée. Je ne sais plus quoi faire de mes mains. Je ne peux pas vivre sans toi. Tu ne me l'as pas appris, ça!

J'avais envie de mourir à mon tour. Je n'étais plus qu'une petite fille désemparée. J'ai eu beaucoup de difficulté à me départir de certains objets ayant appartenu à ma mère. Je ne pouvais m'en approcher et, en même temps, j'avais un mal fou à m'en séparer.

De façon à essayer de conjurer le sort, en janvier 2001, j'ai quitté la maison familiale avec ma fille Amel et mon fils Kader. Les deux aînées étaient restées avec leur père pour lui éviter un trop grand vide. J'ai quitté Repentigny pour m'installer dans un appartement à Notre-Dame-de-Grâce.

La perte de ma mère, un divorce, un déménagement… Je m'enfonçais. J'avais pris une dizaine de kilos. Les enfants et Mark s'inquiétaient beaucoup. Je n'avais pas mis les pieds au bureau depuis plusieurs mois.

Linda, aidée de ses sœurs et de son frère, avait pris la relève dans l'entreprise. Elle a fait tout en son pouvoir pour que les choses tournent rondement malgré mon absence.

La patience et l'amour des miens m'ont aidée à remonter la pente. Six mois après, je faisais ma première apparition dans l'entreprise. Maman m'avait enseigné la force, la résilience, pas la résignation. Elle m'avait inculqué l'amour et le sens des responsabilités. C'est à ça que je devais m'accrocher.

Pendant mon absence, le développement de nos deux gammes de produits n'avait pas cessé de progresser. Bon nombre de clients qui avaient appris le décès de maman avaient décidé d'augmenter le volume de leurs commandes en guise d'encouragement. Ils étaient présents. Ils m'envoyaient des fleurs. Ils m'ont tendu la main au moment où j'en avais le plus besoin. Quelle belle marque de confiance et de solidarité ! C'est ça la vie, tu donnes et tu reçois.

De fil en aiguille :
la vie continue

~

There is a crack in everything, that's how the light get's in.
Leonard Cohen

L'un des grands paradoxes de la vie est qu'il faut souvent passer par la douleur pour accomplir de belles choses. J'aimerais tellement que ce ne soit pas nécessaire.

En mai 2002, je devais m'envoler pour Paris afin d'assister aux Nouvelles Esthétiques, un grand salon annuel qui regroupe les professionnels du domaine médico-esthétique. J'étais à la recherche de nouveaux produits.

Peu avant mon départ, j'ai reçu une lettre d'éviction assez cavalière. L'édifice dans lequel je louais nos locaux d'affaires avait été vendu et il fallait que nous sortions au plus vite. J'ai cru à un mauvais sort. J'ai failli annuler mon voyage, mais Linda m'en a dissuadée. Elle allait prendre ce dossier en charge et faire de son mieux pour trouver un nouveau local à bon prix et, si possible, bien éclairé.

Accompagnée de Mark, j'ai pris l'avion, non sans quelques inquiétudes. Dès mon entrée dans l'immense salon parisien, j'ai instinctivement été attirée par le stand de LPG, une société française au rayonnement international qui existe depuis 1986 et est aujourd'hui dirigée par Nathalie Guitay. Présente dans plus de 100 pays, LPG conçoit et fabrique des appareils médico-esthétiques dont les bienfaits sont reconnus dans les domaines esthétique, médical et sportif. Si les résultats obtenus par les méthodes non invasives élaborées par LPG ont largement contribué à sa renommée mondiale, ses techniques de mécano-stimulation, souvent utilisées en modes pré- et post-opératoires, sont aussi particulièrement efficaces pour traiter l'excès de poids, pour raffermir la peau, pour atténuer les cicatrices et même les brûlures. Les sportifs de haut niveau font aussi appel à cette technologie à des fins de préparation à l'effort, de récupération ou d'amélioration des performances.

J'étais fascinée par ces appareils au design avant-gardiste et haut de gamme. Ça ressemblait à de la science-fiction ! Ce qui me rassurait le plus, c'était que les résultats obtenus avaient été validés par près d'une centaine d'études scientifiques. Du sérieux ! Cette technologie cadrait parfaitement avec ma mission d'entreprise.

Je me suis présentée aux responsables de la compagnie qui étaient sur place en leur proposant de devenir leur distributrice pour le Canada. Mark a failli s'étouffer… Je n'aurais peut-être même plus de locaux en rentrant. On a gentiment pris ma carte en disant que la direction générale allait me rappeler.

À notre arrivée à Montréal, Linda nous a emmenés directement visiter le nouveau local qu'elle avait trouvé. Elle m'a expliqué qu'il lui avait été impossible de trouver un local de 1000 pieds carrés en moins d'une semaine. Le seul qu'elle avait trouvé, dans l'avenue Gun à Pointe-Claire, faisait 3500 pieds carrés. Comment allais-je payer le loyer ? J'ignorais à ce moment-là que, deux ans plus tard, nous doublerions la surface. Le propriétaire, un Italien très jovial d'une soixantaine d'années, nous attendait. Le local était grand, éclairé, mais dans un état lamentable. Il a dû percevoir ma déception, car il s'est empressé de me rassurer en me proposant de remettre la place en très bon état en 10 jours, en étalant les coûts sur un loyer de 5 ans. Nous avons pris rendez-vous le lendemain à nos bureaux pour signer un bail temporaire.

Durant notre négociation, le téléphone a sonné. C'était le nouveau propriétaire de l'immeuble que nous devions quitter. Celui-là même qui nous évinçait. Il avait une bonne nouvelle pour moi, disait-il. Il voulait nous garder. Je n'en croyais pas mes oreilles. Quel culot et quel manque de considération… Je ne me suis pas fait prier pour lui dire le fond de ma pensée et j'ai raccroché.

J'avais les mains qui tremblaient. Je ne sais pas si c'était parce que j'avais peur ou parce que j'étais encore enragée contre cet homme. La vie est parfois bizarre… J'avais pris une décision et cet appel venait m'ébranler. Je devais choisir entre la sécurité et l'inconnu.

Une fois installée dans nos nouveaux locaux, je me suis empressée de reprendre contact avec LPG. Je me suis frayé un chemin jusqu'au directeur général et, après les salutations d'usage, il m'a fait comprendre que je ne correspondais pas à leur profil de distributeur. Malgré mon insistance, il a maintenu sa décision et m'a presque raccroché au nez.

Insultée, j'ai refusé d'abdiquer. J'ai réussi à joindre un des représentants que j'avais rencontrés au stand de LPG à Paris.

Il m'a donné une information intéressante. Thierry, le conjoint de la présidente et actionnaire de l'entreprise, se trouverait à Las Vegas dans quelques semaines pour un congrès. Je tenais à le rencontrer.

Je suis donc partie pour Las Vegas avec mon conjoint. Nous y sommes arrivés à 13 heures, et notre retour à Montréal était prévu à 23 heures. Nous nous sommes rendus directement au stand de LPG, à l'hôtel où avait lieu le congrès. Leur stand était magnifique, avant-gardiste à souhait. J'ai dit à une jeune femme qui s'y trouvait que je voulais rencontrer Thierry. Elle m'a répondu qu'il n'était pas là pour le moment, qu'il viendrait, mais qu'on ne savait pas quand.

Un sentiment bizarre m'a envahie. Le doute ! Et s'il ne venait pas ? Et s'il ne nous recevait pas ?

Après quelques heures d'attente angoissantes, j'ai vu arriver un homme très élégant. Il était accompagné de plusieurs collaborateurs. Je l'ai observé. Il avait un visage aimable. Je ne l'ai pas quitté des yeux. Curieusement, j'avais l'impression de le connaître depuis longtemps.

La demoiselle lui a chuchoté que j'étais venue de Montréal pour le rencontrer. Très aimablement, il nous a invités à prendre place sur un magnifique canapé rouge et nous a proposé un café.

— Que puis-je faire pour vous ? a-t-il demandé en souriant.

Je comprenais que le temps alloué était compté. Il fallait faire vite.

En quelques minutes, je lui ai raconté mon expérience à Paris, la découverte de leur technologie, mon enthousiasme et ma volonté de la distribuer au Canada.

Il m'écoutait attentivement. J'ai enchaîné en lui faisant part de ma déception quant au peu de considération et d'écoute de leur directeur général. Je pouvais comprendre leurs réticences, mais je n'acceptais pas la façon cavalière avec laquelle j'avais été traitée.

— Avez-vous vraiment fait le voyage exclusivement pour me parler de cet écart ? m'a-t-il dit, à la fois surpris et amusé.

Il s'est tourné vers Mark, les yeux rieurs, et lui a demandé si j'étais toujours aussi déterminée.

Nous avons échangé nos cartes. La conversation était terminée. Après une franche poignée de main, nous avons quitté le congrès.

Une fois dans l'avion, j'étais pensive. Mon chéri m'a prise par les épaules, comme s'il venait de comprendre que j'avais besoin de réconfort.

Thierry a communiqué avec moi quelques jours après notre rencontre à Las Vegas pour m'annoncer que ma détermination et mon franc-parler l'avaient conquis. Il me proposait la distribution de leur technologie au Canada. Je n'en revenais pas… et j'étais très heureuse !

En 2003, j'ai donc commencé une grande aventure avec LPG. Je n'ai pas obtenu ces réalisations sans sacrifices, défis et obstacles. L'appui constant de Thierry a été déterminant. C'est ainsi que Les Entreprises Danièle Henkel sont entrées dans une nouvelle dimension.

En 2003, j'ai signé mon premier contrat de vente d'appareils. Même si le marché canadien n'était pas encore prêt à accueillir une technologie dont on avait encore peu parlé ici, les résultats obtenus étaient si spectaculaires que j'avais une écoute très attentive des clients potentiels. Mais qui dit vente d'appareils dit aussi livraison, formation et service technique. Nous avions tout à mettre en place. À force de travail et de persévérance, de 2003 à 2006, notre centre de formation a été reconnu par LPG comme étant le plus performant en Amérique. Nous accordions une grande importance à la formation de nos clients et à la qualité des services que nous leur offrions. Pour me guider, je pouvais compter sur la compétence et le respect de Thierry, et lui sur ma détermination.

Durant ces quatre années, Amel, Kader et Nawel se sont intéressés de plus en plus à la compagnie. Ils y travaillaient à temps partiel ou pendant les vacances d'été, tout en poursuivant leurs études. L'entreprise qui s'était entièrement restructurée pour répondre aux attentes élevées de LPG était en pleine croissance. Ils en assimilaient le fonctionnement et devenaient petit à petit des ressources clés. Quelques années ont suffi pour qu'ils décident, les uns après les autres, de participer à cette belle aventure. J'étais follement heureuse de leur choix. Une entreprise familiale ! J'avais réussi à réunir en un lieu unique les deux moteurs de ma vie : ma soif d'entreprendre et ma famille. Un véritable accomplissement. C'était magnifique !

Même si l'entreprise se développait de manière encourageante depuis l'intégration de la technologie LPG, je continuais à réfléchir à son avenir et à son évolution. Je cherchais quelque chose de fondamental. Au fond, j'étais sans le savoir en train de créer ce qu'on appelle dans le savant monde de la gestion mon *blue ocean*. Plutôt que d'affronter des fournisseurs bien implantés qui servaient des clients existants avec des services connus, je préférais créer une nouvelle demande dans un espace stratégique qui, bien qu'incontesté, me semblait vierge de toute initiative.

En 2006, au cours de mes recherches, j'avais noté la tenue prochaine d'un congrès portant sur la génétique et la nutrition, à Francfort. Il s'agissait d'un événement réservé aux professionnels de la médecine. Qu'à cela ne tienne, j'ai demandé à une amie médecin de m'y accompagner.

Comme toujours, accompagnée de Mark, je suis partie avec cette amie en Allemagne. Mark travaillait dans l'immobilier et pouvait sans trop de difficultés se rendre disponible pour satisfaire mes petits caprices de voyageuse. J'aimais qu'il soit à mes côtés.

J'ai participé à la plupart des conférences données durant le congrès. Dans une autre vie, j'ai dû être médecin ou scientifique, car tout ce qui s'y disait me passionnait.

En faisant le tour de la partie exposition de l'événement, j'ai été attirée par une banderole surprenante au-dessus d'un stand. On pouvait y lire : *Manger sainement peut vous rendre malade*. Quoi ?

Évidemment, cette formule provocante a piqué ma curiosité. Je me suis dirigée vers le stand où deux messieurs à l'air austère conversaient le plus sérieusement du monde, derrière des liasses de documents bien rangés. Il s'agissait d'un test diagnostique sur les hypersensibilités alimentaires de type III.

Leur tendant ma carte, je me suis présentée en disant que je venais du Canada. Sans autre formalité, je suis entrée dans le vif du sujet :

— Intéressant, votre slogan. Que voulez-vous dire ?

Par les questions que je posais, ils se sont vite rendu compte qu'ils n'avaient affaire ni à un médecin ni à une scientifique. J'avais l'air de les irriter. Nous étions dans un environnement scientifique et professionnel. J'ai pris quelques documents et, cette nuit-là, dans ma chambre d'hôtel, j'ai fait des recherches sur Internet jusqu'à 4 heures.

Le lendemain, je me suis empressée de retourner les voir. Cette fois-ci, j'ai eu la satisfaction de constater qu'ils étaient plus attentifs à mes questions. Mes recherches nocturnes avaient porté leurs fruits.

Je leur ai proposé de me confier la distribution de leur test médical au Canada. Je n'ai pas été surprise de les entendre dire que je ne correspondais pas à leur profil de partenaire… Le contraire m'aurait étonnée. Ça aurait été trop facile.

Je suis rentrée à Montréal avec l'intuition qu'il me fallait poursuivre cette démarche. Mark, les enfants et mon amie médecin en étaient beaucoup moins convaincus. Ils pensaient que les obstacles à venir seraient tellement importants que la mission était impossible. Quant à moi, l'intuition prenait le dessus sur toutes les difficultés éventuelles…

À force de détermination, j'avais au moins réussi à faire venir à Montréal mes partenaires potentiels. Après cinq à six mois de négociations intenses, j'ai obtenu leur accord pour distribuer le test diagnostique et mettre en place un laboratoire médical. J'étais très fière de moi !

Le projet était d'une telle ampleur qu'il nécessitait des partenaires financiers. Il y a eu la BDC, qui m'appuyait depuis le début, mon conjoint Mark et moi-même. Ainsi naissait en 2007 le laboratoire LSIA (Laboratoire scientifique d'intolérances alimentaires).

Rue Thimens :
l'expansion

~

Si tu veux construire un bateau, ne rassemble pas tes hommes pour leur donner des ordres.
Si tu veux construire un bateau, donne-leur le goût de la mer.

Saint-Exupéry

Notre bail de cinq ans dans l'avenue Gun arrivait à terme. J'envisageais d'abandonner le statut de locataire pour construire un immeuble dont nous serions propriétaires dans la rue Thimens à Pierrefonds. Comme je m'y attendais un peu, mes banquiers et mes conseillers financiers n'étaient pas d'accord. On me recommandait d'attendre au moins trois ans avant d'acheter. On invoquait le ralentissement de l'économie et des affaires.

Je ressentais malgré tout que notre période dans l'avenue Gun devait prendre fin. Il fallait passer à autre chose et courir de nouveaux risques. Je voulais donner une autre dimension à mon entreprise, disposer d'un centre de formation à la hauteur des attentes de mes clients et leur offrir un espace où ils se sentiraient bien.

J'ai passé plusieurs nuits à réfléchir. Encore une fois, j'ai écouté mon instinct. On allait y arriver. J'en étais convaincue.

En juillet 2007, nous avons finalement pris possession de nos nouveaux bureaux, dans un parc industriel qui venait tout juste d'être construit à Pierrefonds. J'avais articulé cette nouvelle acquisition selon un modèle financier original auquel j'ai été la première à souscrire : le condo industriel. Mon entreprise était en expansion, et mes quatre enfants travaillaient avec moi. C'était un rêve qui se réalisait. Il fallait maintenant le faire vivre.

C'est à cette époque-là que nous avons changé la signature de l'entreprise. Notre nouveau logo était parfaitement à l'image de la mission que je m'étais fixée. Certains n'y verront qu'un aménagement graphique de mes initiales, mais en fait j'associais le H de Henkel à celui de *health* « santé » et de *human* « humain ». C'est pour suggérer ma volonté d'accompagner l'humain le plus loin possible dans sa quête de mieux-être que ce H semble s'élever entre deux D formant une sphère entrouverte symbolisant l'élévation de l'humain vers la santé.

Cette approche avait du succès. Nous étions de plus en plus reconnus pour notre avant-gardisme par les milieux d'affaires et par les professionnels de l'univers médico-esthétique. Nous accumulions les prix importants décernés par des organismes du monde des affaires, comme la Fédération des chambres de commerce ou le Réseau des femmes d'affaires du Québec.

Le pouvoir d'un individu passe d'abord par le savoir et la connaissance. J'en ai l'intime conviction et j'attache beaucoup d'importance à l'éducation. Forte de ces valeurs, j'ai mis sur pied, avec Linda, le LabScience, un centre de formation destiné aux professionnels de la santé et de la beauté. J'étais particulièrement fière de la réalisation de ce projet. Il fallait que les esthéticiennes et les massothérapeutes, entre autres, puissent franchir une étape supérieure et acquérir leurs lettres de noblesse. Ce n'était pas le cas en Amérique du Nord. Notre centre de formation leur permettrait d'acquérir des connaissances beaucoup plus poussées que dans les écoles spécialisées. On leur offrait non seulement de l'information sur les produits et l'équipement, mais aussi des notions sur la vente, la mise en marché, le métabolisme humain. Il fallait absolument que ce projet fonctionne.

Ressources humaines, matériel, certifications... Le laboratoire médical LSIA se mettait en place. J'avoue en toute humilité que, si j'avais eu le moindre soupçon sur la complexité de l'environnement médical, jamais je ne me serais lancée dans cette aventure.

Le test diagnostique proposé par notre laboratoire permet à partir d'un simple prélèvement sanguin, de déceler des hypersensibilités à près de 300 aliments. Contrairement aux allergies alimentaires dont les effets sont immédiats, les hypersensibilités sont difficilement détectables, car leurs effets sont retardés. Elles contribuent pourtant au développement de certaines pathologies telles que le côlon irritable, certaines inflammations de la peau, la prise de poids, des maux de ventre ou des migraines. Cette intervention en amont, cette possibilité d'intervenir à la source même d'une pathologie correspondaient exactement à mon approche concernant la prise en charge globale.

Alors que j'étais plongée dans le démarrage du laboratoire, en 2008, une crise économique sévère se faisait sentir partout en Amérique du Nord, une épreuve particulière qu'en d'autres circonstances j'aurais pu traverser avec plus de sérénité s'est transformée en une énorme montagne à gravir. Une véritable remise en question de mes capacités à maintenir l'entreprise sur ses rails.

Mes trois filles, Amel, Nawel et Linda, qui jouaient toutes un rôle très important à mes côtés dans l'entreprise, m'ont annoncé, à des intervalles de moins de six mois, qu'elles étaient enceintes.

Ça a été un choc incroyable, qui m'a submergée. J'étais prise dans un étau d'émotions. Je passais du rire aux larmes plusieurs fois par jour, tiraillée entre l'immense joie de devenir plusieurs fois grand-mère et la panique à l'idée de perdre mes plus précieuses collaboratrices.

Linda était vice-présidente, Nawel était la directrice des ressources humaines et Amel dirigeait le service à la clientèle.

Kader n'était plus dans l'entreprise à ce moment-là. Étudiant en multimédias, curieux et passionné, il était jeune, et le monde des affaires ne l'intéressait pas vraiment. Je dois reconnaître qu'il avait souvent la tête ailleurs et une tendance, comme lorsqu'il était petit, à se réfugier dans son univers. Un peu comme s'il hésitait encore à rejoindre le monde des adultes.

Après son passage dans l'entreprise, il a décidé de monter la sienne avec un ami d'enfance. Lorsqu'il a constaté que j'allais me retrouver seule, il m'a proposé de venir plusieurs jours par semaine pour m'épauler. Je reconnaissais bien la générosité de mon fils.

Malgré son offre, je me sentais prise de panique. J'ai ressenti plus que jamais cette solitude du dirigeant, que les Américains appellent « *lonely at the top* ». J'étais seule avec le problème que j'avais contribué à créer. Ça a été probablement le moment de doute le plus intense de ma vie.

Un jour de printemps en 2008, en présence de Mark, j'ai réuni mes enfants. Une sorte de conseil d'administration où je leur ai annoncé que je songeais à vendre l'entreprise. Au fond, ce que j'avais envie de leur dire, c'est que, tout bien considéré, j'avais décidé d'être grand-mère et de n'être que grand-mère pour le reste de ma vie.

Surpris mais calmes, ils ont réagi avec une grande sagesse. Soutenue par les autres, Linda a pris la parole :

— Maman, tu as parfaitement le droit de vendre. Nous t'appuierons toujours dans tes choix. Mais s'il te plaît, prends le temps de réfléchir. Pars te reposer une semaine avec Mark et, à ton retour, dis-nous ce que tu veux faire. Quelle que soit ta décision, on te suivra.

J'ai écouté leur conseil. Nous sommes partis dans le Sud. Durant cette courte période charnière de mon existence, j'ai eu à mes côtés un homme exceptionnel, calme, pondéré et très profond. Il a enduré mes crises. Je trouvais la vie injuste. Je pestais contre le fait d'avoir créé une entreprise familiale qui impliquait mes enfants. Je disais à peu près tout ce qui me passait par la tête.

Quand Mark intervenait doucement, je lui disais qu'il ne comprenait pas. Il m'entourait alors de ses bras et nous restions ainsi pendant de longues minutes, moi qui pleurais et lui qui se contentait de m'aimer.

Une nuit, alors que le sommeil me faisait encore défaut, je me suis assise sur le lit et j'ai regardé mon amoureux dormir paisiblement. Je me suis levée, je suis allée me chercher un verre d'eau et je suis sortie sur le balcon. La fine brise de ces nuits chaudes des Caraïbes me caressait le visage. La lune était pleine et j'entendais le bruit des vagues qui venaient mourir sur la plage. J'ai levé les yeux vers le ciel étoilé :

— Maman, aide-moi. Toi qui m'as guidée toute ma vie, toi qui as choisi de me faire grandir à coups de défis, réponds-moi ! Que dois-je faire ?

Des larmes coulaient doucement sur mes joues. Je suis retournée me coucher. Un peu plus tard, alors que Mark et moi étions réveillés, je l'ai regardé droit dans les yeux. Il m'a souri. Je lui ai dit:

— Chéri, je sais ce qui m'a poussée à créer cette entreprise. Je sais aussi qu'il faut que je continue. Je n'ai pas fini. Je vais faire de mon mieux. Es-tu prêt?

Dès notre retour, j'ai de nouveau réuni les enfants autour d'un bon repas. Ils attendaient avec impatience de connaître le fruit de mes cogitations. Je ne les ai pas fait attendre longtemps:

— Vous ne savez pas à quel point je vous aime. Vous avez toujours été le moteur de ma vie. C'est la raison pour laquelle j'ai décidé de continuer avec vous. Nous avons travaillé fort. Nous avons participé à l'évolution de notre industrie. Nous prônons l'éducation et la prévention, nous aidons les femmes à réussir en affaires. C'est important. Il faut continuer.

Pour m'aider à puiser dans mes ressources, j'ai découvert la méditation. Souvent, le soir, je faisais des exercices qui me permettaient d'aspirer à une certaine paix, à un repos que je n'aurais pas trouvé autrement, moi qui n'avais jamais dormi plus de cinq heures par nuit. Cette technique d'apaisement intérieur est tranquillement venue compléter mon rituel devant ma petite Vierge, pendant que j'allumais des cierges.

Je m'étais de nouveau fait confiance. C'est ce que maman aurait fait. Et j'ai tenu seule le fort pendant six mois.

Une à une, mes filles ont réintégré leur poste dans l'entreprise, même s'il fallait qu'elles y emmènent mes petits-enfants.

Très matures et professionnels, mes enfants étaient de plus en plus en contrôle de ce qu'ils faisaient. Les Entreprises Danièle Henkel inc. étaient entre bonnes mains. Mon entreprise était devenue ce que je souhaitais, et le bateau avait bel et bien pris la mer. Même l'arrivée de deux autres petits-enfants n'a pas perturbé la vie de l'entreprise.

Restait encore à nous faire connaître auprès des consommateurs. Si nous avions réussi à nous tailler une solide réputation auprès des professionnels qui utilisaient ou recommandaient nos méthodes et nos produits à leurs clients et à leurs patients, nous étions encore très peu connus du grand public. Étant devenue, par la force des choses, l'image de l'entreprise qui portait mon nom, je pensais que ce serait là ma nouvelle mission.

En mai 2011, j'ai reçu un appel téléphonique de Radio-Canada. Une dame charmante qui se prénommait Chantal m'a appris qu'elle sillonnait le Québec pour trouver des entrepreneurs susceptibles de participer à une nouvelle série d'émissions qui s'appellerait *Dans l'œil du dragon*. Le concept de cette série venait du Japon, mais sa version anglaise, *Dragons' Den*, diffusée à CBC au Canada, et *Shark Tank*, la version américaine d'ABC, connaissaient un vif succès. Son adaptation québécoise était encore confidentielle. Martine, l'un de mes fournisseurs, avait suggéré à Chantal de me rencontrer.

J'ai reçu Chantal quelques jours après dans mon bureau. Elle a pris soin de m'annoncer très vite qu'en cas de participation je devrais investir 100 000 dollars. Elle m'a fait visionner un épisode de *Dragons' Den*. Les entrepreneurs qui animaient l'émission étaient si agressifs que j'ai décliné son offre. Ce n'était vraiment pas pour moi. Chantal m'a rassurée en me disant que leurs critères de sélection étaient différents et adaptés à la réalité québécoise. Je devrais simplement être moi-même. J'ai accepté d'entrer dans la course et de passer les auditions. Une dizaine de jours après, Chantal m'a rappelée en m'annonçant que le projet connaissait quelques difficultés et qu'il était un peu mis sur la glace.

Quelques mois se sont écoulés, et l'idée de participer à cette série d'émissions m'était complètement sortie de la tête quand j'ai reçu, au cours de septembre, un nouvel appel de Radio-Canada. Le coproducteur de l'émission voulait me rencontrer, car les conditions de participation avaient été modifiées. En fait, l'investissement de base était passé de 100 000 dollars à 200 000 dollars.

Les événements se sont précipités après cette rencontre, et j'ai dû passer plusieurs auditions dans un amphithéâtre spécialement aménagé à cet effet dans les locaux de Radio-Canada. Seule devant les caméras, je devais répondre à toute une série de questions posées par les membres de l'équipe qui, plongés dans le noir, m'observaient et analysaient le moindre de mes gestes. Pour confirmer ses impressions, le réalisateur lui-même n'hésitait pas à me tendre quelques pièges.

J'ai dû faire bonne impression puisque, sur toutes les candidatures, 75 avaient été sélectionnées pour les auditions et qu'il ne restait plus maintenant que 2 groupes de 5 personnes, dont je faisais partie.

L'équipe devait faire son choix définitif après une ultime audition devant de vrais entrepreneurs. Nous étions en direct et ça a été long et intense. On nous a annoncé, après cette dernière épreuve, que nous serions fixés dans quelques jours.

Il était déjà 21 heures. J'étais lasse et j'avais juste envie d'une soupe et d'un moment de tranquillité avec Mark. Il m'a emmenée dans un restaurant vietnamien. Au moment où il me disait à quel point il était fier de moi, qu'il comprenait à quel point cette épreuve avait été épuisante pour moi alors que je faisais face à l'inconnu, un petit signal de mon téléphone cellulaire m'a annoncé la réception d'un message. Ça ne pouvait pas être eux, nous venions de les quitter. Pourtant, ils avaient délibéré immédiatement après notre départ, et le message disait: *Félicitations aux cinq dragons dont voici la liste.* Mon nom y était. J'ai accueilli l'information avec un calme surprenant. Probablement parce que je ne réalisais pas ce qui venait de se passer. Mark en était même étonné. Je l'ai regardé, il m'a pris la main et il m'a dit:

— Je t'aime, chérie.

Dès la première diffusion, ça a été un franc succès. Le public aimait l'émission et son caractère socioéconomique. Je n'avais jamais fait de télévision. Rester naturelle et fidèle à mes valeurs a été le bon choix. Étant la seule femme du groupe, je me démarquais par ma personnalité qui semblait séduire le public.

La soudaine notoriété offerte par cette série d'émissions a eu d'autres répercussions immédiates. Alors que j'avais l'habitude de faire des présentations à un auditoire de professionnels qui évoluaient dans mon industrie, on me demandait désormais de faire des conférences sur mon parcours d'entrepreneure, sur mes valeurs ou encore sur la réussite. La télévision est d'une puissance que j'étais loin d'imaginer. On voulait tout à coup me voir et m'entendre en Beauce, au Saguenay, en Estrie… Je me suis laissé guider par une envie de comprendre, de découvrir de nouveaux horizons. J'ai rencontré des gens exceptionnels et vécu des expériences qui resteront à jamais gravées dans ma mémoire. Combien de témoignages chaleureux, combien de tranches de vie émouvantes on partageait avec moi!

La télévision, la scène… Qui aurait dit un jour que je m'y retrouverais? Cette épopée publique a culminé quand j'ai été reçue à la très populaire émission *Tout le monde en parle* et quand on m'a parodiée au *Bye-Bye 2012*. Quel honneur!

C'est probablement cette dernière partie de mon parcours qui a motivé la rédaction de ce livre. Résumer ainsi ma vie m'a

permis de raviver bon nombre de souvenirs heureux et dramatiques. J'en éprouve une grande émotion, presque une sensation de vertige. C'est fou ce que l'on peut faire dans une vie !

Cet exercice vient de me le révéler et j'ai l'intime conviction
que ce n'est pas fini.

Si cette soudaine notoriété était très valorisante, elle me
prenait aussi beaucoup de temps et d'énergie. Elle coïncidait
avec une période où je voulais être encore plus proche de mes
filles, puisqu'elles vivaient la grande aventure de la maternité.
Plus qu'un devoir, c'était pour moi une joie immense. Lorsque
j'y pensais, je frissonnais de bonheur.

Il me fallait composer avec mes émotions de grand-maman,
les demandes des médias, les conférences que je donne et le
développement de mon entreprise. Le défi était ambitieux et les
journées, trop courtes, mais, plus que jamais, la motivation était
au rendez-vous.

Parallèlement, les concepts proposés par Les Entreprises
Danièle Henkel à leurs clients et à leurs partenaires rempor-
taient un succès chaque jour un peu plus important. J'en étais
très fière, car c'étaient les fruits d'années de réflexion, de recherches et de tests.

Ce n'est que quelques années après m'être lancée en affaires
que j'ai pris conscience que, très naturellement, sans vraiment
m'en rendre compte, j'avais mis en place toutes sortes de techniques et de moyens dans le seul but de faire accéder le plus
grand nombre de gens à cet état de mieux-être tant recherché.
Alors que la chirurgie esthétique connaissait un incroyable
essor partout dans le monde, j'ai très vite compris que, pour
une femme, il est finalement plus important de se sentir belle
que d'être belle. Là est la clé du véritable bien-être, et il n'était
pas question pour moi de proposer des techniques chirurgicales

ou invasives. Plus on respecte les fondements mêmes de ce qu'on a pris l'habitude d'appeler une vie saine, moins on a de risques de développer des problèmes de santé. Évidence, allez-vous me dire... à condition d'être informé et aidé pour y parvenir!

Je m'étais fixé la mission de mettre en place un concept unique de prise en charge globale de la personne afin de pouvoir intervenir efficacement sur son bien-être et de l'accompagner vers ce mieux-être.

J'ai passé plusieurs nuits blanches à y réfléchir. Encore une fois, j'ai écouté mon instinct. On y arriverait. J'en étais d'autant plus convaincue que les produits, les techniques et les services que j'avais choisi d'offrir, sans même songer à cette notion de prise en charge globale, se complétaient parfaitement et répondaient tous à des critères élevés de qualité et d'efficacité.

Nous parvenions déjà à proposer des solutions naturelles et performantes dans le domaine de l'esthétique, de la santé et du sport, et nos techniques étaient même utilisées dans le domaine hospitalier. Mais le point fort de toute cette organisation a été la mise en place du Laboratoire LSIA et du test d'intolérance alimentaire destiné à détecter les hypersensibilités à certains aliments, additifs et colorants. Nous pouvions intervenir directement à la source, l'alimentation. Celle-ci qui peut être à l'origine d'une multitude de problèmes inflammatoires et de maux chroniques.

Ce test répond aux plus hauts standards de qualité, de fiabilité et de précision imposés à l'échelle mondiale et des milliers de patients l'ont aujourd'hui effectué. Grâce au rapport complet émis par notre laboratoire et aux recommandations formulées par leur médecin, naturopathe ou nutritionniste, ils ont appris à se prendre en main et à contrôler leur alimentation, mettant parfois fin à des troubles dont même les analyses les plus poussées n'avaient pu déceler la cause.

Les nombreux témoignages des patients me confortaient dans ma démarche, même si elle semblait un peu dérangeante pour certaines institutions qui tentaient de me mettre des bâtons dans les roues. Plus forte et plus motivée, je continuais contre vents et marées à mettre en place des services dans le but d'améliorer le bien-être et la qualité de vie des uns et des autres.

Lors des conférences que je donnais, mon discours et mon attitude en déconcertaient plusieurs, mais j'ai su gagner le respect de mes partenaires d'affaires. J'étais à l'aise avec mes opinions personnelles, qui n'avaient rien d'artificiel. J'essayais de ne ressembler à personne d'autre qu'à moi-même.

Tout en parlant d'affaires, d'économie ou de techniques de gestion, j'expliquais que, pour moi, tout part du contact humain. Je disais que j'acceptais de laisser entrer mes émotions dans ma prise de décision et que, si une larme coulait sur mon visage, lors d'une réunion importante, je la laissais aller sans pudeur.

Je mettais en lumière les valeurs qui ont toujours guidé mon comportement et qui restent garantes d'une certaine forme de réussite, mais aussi d'une cohabitation harmonieuse et enrichissante de sa vie professionnelle et personnelle. Je veux parler de l'engagement, du respect, de la confiance en soi et de cette notion inévitable de dépassement qui peut nous mener sur des chemins dont nous ignorions parfois même l'existence.

J'insistais sur certains inhibiteurs à l'avancement des femmes en affaires, ce sentiment de culpabilité pernicieux qui trouve ses origines dans un sens inné des responsabilités, familiales entre autres. Un phénomène propre à la gent féminine.

Ces interventions en public s'ajoutant à ma charge de travail habituelle me demandaient beaucoup d'énergie et de temps, d'autant que Nawel m'annonçait à cette même époque qu'elle allait être maman pour une deuxième fois. Pour mon plus grand bonheur, mes filles avaient décidé les unes après les autres de multiplier ma joie d'être grand-mère!

Nawel était directrice générale de l'entreprise et j'envisageais mal son remplacement, ne serait-ce qu'un an. Notre complicité professionnelle était trop forte. Elle connaissait tout de l'organisation et il me semblait impossible de tout apprendre à un autre collaborateur, aussi efficace et compétent soit-il. Au fond, j'étais victime d'un choix que j'avais fait et que je ne voulais pas remettre en question: celui de concilier travail et famille... mais avec toute la mienne!

Il faut croire en la vie et en soi, et accepter de se mettre en danger. C'est ce qui crée le plaisir de l'existence, ce qui nous permet d'échafauder des rêves, même les plus fous, et qui nous donne une extraordinaire soif de vivre. Il faut se fixer des limites, bien sûr, mais surtout essayer de les atteindre et de les dépasser. Je crois en cette philosophie. Les buts des uns n'ont pas à se comparer à ceux des autres. Qu'ils soient modestes pour certains ou très ambitieux pour d'autres, l'essentiel est de se fixer des objectifs et de tout mettre en œuvre pour les atteindre. Nous avons tous des moyens insoupçonnés de nous dépasser.

Je suis intense au travail comme dans la vie. Je me donne corps et âme. Je ne m'attends pas à ce que les autres soient comme moi; chacun a son propre mode de fonctionnement. Mais je sais que chacun d'entre nous a la possibilité et les moyens de toujours aller plus loin, quelles que soient les embûches et les difficultés auxquelles il devra faire face. Je déplore d'ailleurs que notre société n'encourage pas suffisamment les initiatives personnelles et les prises en charge individuelles. Elle privilégie plutôt les valeurs de soutien et d'encadrement, voire d'assistance. C'est malheureux.

Les concepts qui animent Les Entreprises Danièle Henkel reposent sur ces valeurs d'autonomie et d'initiative. Nous apprenons et nous aidons nos clients, quels qu'ils soient, à se prendre en charge et à croire en leurs moyens. Nous ne nous contentons pas de leur vendre un produit. Nous les formons aussi afin qu'ils atteignent le plus haut niveau de compétence dans leur domaine et qu'ils soient capables de livrer un discours professionnel et scientifique à leurs clients ou à leurs patients. S'ils deviennent très vite des spécialistes que l'on consulte et que l'on écoute, nous leur apprenons aussi à aimer la vente en les libérant de certains préjugés qui les freinent dans leur évolution. La vente est un art et il ne faut pas que la notion d'argent en soi soit un inhibiteur.

C'est encore tenir sa parole. Tout au long de ma carrière, lorsque je me suis engagée dans quelque chose, il est devenu pour moi fondamental de l'accomplir. En respectant mes engagements, j'ai réussi à gagner le respect des autres. À l'inverse, j'ai les mêmes exigences. Malheureusement, j'ai souvent appris à mes dépens que nous ne partagions pas tous les mêmes valeurs.

En 2008 et 2009, j'avoue avoir beaucoup souffert de l'absence de mes filles. Après cette période douloureuse où j'ai dû m'impliquer dans l'ensemble des opérations de l'entreprise et dans toutes les fonctions, mes filles ont réintégré l'une après l'autre les postes qu'elles occupaient. Quelquefois même avec leurs bébés que je prenais un plaisir fou à câliner dès que je le pouvais. J'ai même aménagé une salle spécialement pour eux. Nous avons continué de bâtir l'entreprise que nous avions imaginée, où les employés auraient le goût de venir et le désir de rester. Aujourd'hui, une trentaine de collaborateurs de 10 nationalités y travaillent dans le respect et la bonne humeur. C'est pour moi la plus belle des réussites.

Telle est notre approche entrepreneuriale. Tenter de tirer le meilleur de chacun en demeurant à l'écoute et très attentifs aux éventuelles différences culturelles. Essayer d'uniformiser les attitudes en imposant un modèle de fonctionnement équivalait à un manque de respect qui aurait mené notre organisation à un échec prévisible.

Misant sur ces principes de gestion interne, nous avons continué à nous développer. C'est à cette époque que nous avons lancé le concept de prise en charge globale pour les entreprises. Nous proposions de mettre à la disposition de leurs employés des outils simples et des méthodes efficaces pour améliorer leur condition physique, donc leur productivité, ce qui réduirait de façon significative le taux d'absentéisme.

En 2012, nous avons fêté nos 15 ans d'existence. Ça a été une belle année. Nous avons obtenu le Prix d'entrepreneuriat familial Fuller Landau de la chaire John Molson de l'Université Concordia pour la PME familiale de l'année au Québec. Peu de temps après, j'ai reçu le prix Femme d'affaires du Québec dans la catégorie «entrepreneure active à l'international». Tous nos projets étaient sur leur lancée. Bien sûr, le gant Renaissance, qui a été le point de départ de mon aventure, continuait son ascension grâce à de nouveaux partenariats de distribution dans les chaînes pharmaceutiques. Notre partenariat avec LPG était florissant, et le centre de formation LabScience nous avait permis d'accréditer plus de 5000 praticiens.

En collaboration avec la Fondation québécoise du cancer et la Fondation québécoise de la massothérapie, nous avons contribué, dans un effort d'engagement social, à donner plus de 2000 massages à des gens atteints de cette maladie. Nous étions heureux et fiers de faire comprendre que certaines de nos techniques pouvaient aider psychologiquement et physiquement des grands malades en réduisant leurs nausées, leurs douleurs et leur anxiété.

Toujours en 2012, j'ai vécu une expérience exceptionnelle et j'ai reçu un honneur auquel je ne m'attendais vraiment pas. J'ai été invitée par les Forces canadiennes à devenir membre de La Compagnie Canada, un organisme à but non lucratif qui soutient les militaires et leurs familles.

J'ai été alors particulièrement sensible au sort des réservistes. Chaque année, de nombreux militaires expérimentés, hommes ou femmes, se retrouvent pour ainsi dire mis à pied, dans l'attente d'une mission de sauvetage, de sécurité ou de défense. Ces serviteurs de l'État ont beaucoup de difficulté à se composer une vie entre deux missions. Bien qu'ils aient toutes les compétences pour aspirer à de bons emplois, les entreprises redoutent d'engager des gens qui, de façon imprévisible, leur annonceront qu'ils doivent les quitter pour une nouvelle mission.

Probablement séduites par mon discours humaniste, les Forces canadiennes ont décidé de m'emmener en Virginie pour rencontrer des militaires en plein entraînement. On voulait me faire connaître la réalité et le courage de ces jeunes hommes et de ces jeunes femmes fiers de servir leur pays.

Ça a été un voyage magnifique, chargé de messages plus puissants les uns que les autres. D'abord, j'ai pu comprendre plus que jamais, par les rencontres que j'ai faites, ce qu'étaient le don de soi, la solidarité et le respect de la hiérarchie.

J'ai été submergée d'émotions. Ça a été comme si je venais pour une première fois, moi, l'apatride, d'être reconnue comme citoyenne du pays que j'avais choisi et qui sera ma dernière demeure. Un grand sentiment de fierté et d'appartenance m'envahissait. Ce sentiment a été encore plus intense lorsqu'en mai 2013, j'ai eu l'immense honneur de remplacer le gouverneur général, à la suite d'un empêchement de ce dernier, pour remettre les diplômes aux officiers finissants de l'école militaire de Saint-Jean. Mon discours, dans lequel j'insistais sur le respect, la fraternité et la fierté de servir son pays, fut accueilli par une ovation qui me vint droit au cœur et me fit pleurer à chaudes larmes. J'observais Mark qui, au premier rang, était lui-même très ému. Je ne pus m'empêcher de penser, du plus profond de mon cœur, à ma chère maman et à mon père, caporal de l'armée française, mon beau soldat inconnu que j'ai cherché toute ma vie.

Cette quinzième année d'existence de l'entreprise a aussi marqué le début d'une transition. Ce que nous faisions était désormais parfaitement clair : une entreprise de fabrication, de distribution, de formation et de recherche scientifique, vouée à la santé et au bien-être des personnes. Jamais je n'aurais imaginé y arriver alors que, dans mon sous-sol de Repentigny, je réfléchissais à la mise en marché du gant Renaissance au milieu des années 1990.

Quand l'intuition
trace la route

~

L'intuition est la grande voix de l'inconnu vers lequel nous pousse notre destinée.
Minou Petrowski

Aucun mot ne pourra jamais décrire parfaitement les sentiments que j'ai vécus en écrivant ces pages. Si certains perçoivent un effet thérapeutique à l'écriture d'un livre ou d'une biographie, l'exercice m'a plutôt permis de mettre en lumière certaines notions qui me semblent tellement évidentes que j'avoue ne même plus y penser.

Le multiculturalisme, qui fait débat aujourd'hui, a toujours été pour moi une source d'enrichissement et d'épanouissement, depuis ma naissance, d'une mère juive marocaine et d'un père allemand, à la gestion d'une entreprise qui ne compte pas moins de dix nationalités différentes aujourd'hui. Les pères de mes petits-enfants sont aussi à l'image de ce multiculturalisme, puisque l'un d'entre eux est d'origine égyptienne, l'autre algérienne et le troisième irlandaise. Quant à mon fils, il file depuis de nombreuses années le parfait amour avec une très jolie Québécoise au sang italien. Si les moments douloureux, comme le dernier souffle de maman accompagné par les prières de trois religions différentes m'émeut encore aux larmes, c'est toujours avec beaucoup de joie que nous nous retrouvons tous pour Noël pour célébrer ensemble autour d'un sapin magnifiquement décoré. J'y convie même Ahmed qui, avec sa compagne, a le plaisir de retrouver ses enfants et petits-enfants dans une ambiance festive et propice aux rapprochements familiaux. Catholiques, juifs, musulmans, pratiquants ou pas, notre famille vit harmonieusement loin de toute notion d'accommodement. Seuls l'amour, le bonheur de se retrouver et le respect font loi.

Je suis également convaincue que rien n'arrive sans raison. Le moindre événement, qu'il soit heureux ou dramatique, peut être un message ou représenter une porte qui s'ouvre. C'est vrai aussi pour les rencontres. Même la plus insignifiante peut s'avérer importante dans votre cheminement. Et que dire des rencontres désagréables ? Souvenez-vous de mes craintes lorsque j'ai été conduite de force chez le wali ou encore de ma confrontation avec Moss lors de la manifestation devant le consulat. Pourtant ces deux hommes étaient discrètement présents à l'aéroport pour faciliter mon départ au Canada. Nous avons toujours une tendance très naturelle à nous rappeler et à privilégier les moments heureux alors que ceux qui le sont moins peuvent être tout aussi importants. Encore faut-il avoir la faculté de le percevoir… Mais la vie se charge souvent de nous le rappeler.

Quant à l'intuition, puisque tel est le fil conducteur de ce livre, sachez l'écouter et lui faire confiance. Trop de projets ne voient pas le jour tout simplement parce que leurs auteurs en sont dissuadés par leur entourage. Personne n'a le droit de ne pas croire en vous si le cœur vous guide. Nous sommes tous dotés de forces insoupçonnées pour mener à bien une idée à laquelle nous croyons. Les plans d'affaires même les mieux faits sont souvent réalisés pour nous rassurer. Le meilleur d'entre eux impressionnera peut-être votre banquier, mais en aucun cas vos clients. Seules votre passion et votre volonté vous mèneront au succès...

Je ne sais pas de quoi sera fait le reste de ma vie et d'une certaine façon je m'en réjouis. Bien sûr, j'ai encore mille choses à accomplir pour Les Entreprises Danièle Henkel. Il faut continuer de bâtir, d'élaborer des projets et de lancer de nouvelles initiatives. Je dois continuer à veiller à l'épanouissement professionnel et personnel de mes enfants, même s'ils sont devenus adultes et responsables. Je dois les aider à aller encore plus loin. Je serai aussi de plus en plus la grand-mère que je n'ai pas eu vraiment le temps de devenir ces dernières années et je continuerai à vivre de belles et grandes aventures avec Mark, mon fidèle compagnon de route et de cœur.

Mais s'il est une chose que je perçois intuitivement, c'est que je vais continuer à aider les autres. Quand, comment et avec qui... je l'ignore encore, mais j'ai la ferme intention de partager avec le plus grand nombre les leçons que la vie m'a apprises. J'ai l'intime conviction que je peux encore être utile.

Un jour, un commissaire industriel de la région de l'Outaouais m'a fait parvenir cette lettre après une conférence que j'avais donnée à Gatineau:

« ...Votre conférence dans son humanité, nous ramène à l'essence même de ce qui fait d'abord de nous des humains et à la compréhension de cette humanité dans notre rôle d'entrepreneur. De là, le succès. La centaine de personnes dans la salle croyaient connaître « la dragonne » au travers le filtre biaisé de la télévision ; vous avez eu la générosité de nous laisser prendre le temps de rencontrer une femme, une épouse, une mère et une femme d'affaires unique et à la détermination hors du commun. Il était important pour moi de vous écrire ces mots…»

Ce témoignage, comme ceux que je reçois très régulièrement, même de très jeunes gens, me conforte et me motive terriblement même si je me demande toujours ce que j'ai bien pu faire pour inspirer toutes ces personnes qui viennent vers moi pour me remercier. Je ne suis ni un gourou ni une intellectuelle et je n'appartiens à aucun groupe de pensée. Tout au plus, j'ai vécu. J'ai cru à la vie à travers ses épreuves. J'ai cru en moi et aux autres. Et je le dis. Ce message semble faire vibrer les gens soucieux de donner un sens à leur parcours sur terre. Les jeunes particulièrement, déroutés par tant d'instabilité sociale et émotive.

Croire en soi et être passionné… voilà ce qui m'a fait avancer dans la vie, bien au-delà de l'argent, du pouvoir ou de la célébrité. Il faut juste tenter de voir plus loin et de puiser dans ses ressources pour y parvenir. Il faut savoir prendre des risques quand il le faut. Voilà notre véritable raison d'être.

Est-ce que communiquer ce message au plus grand nombre fera partie de ma vie future ? Probablement.

Je n'oublierai jamais que l'une de mes grandes fiertés est d'avoir pu créer une entreprise utile et unique en son genre. Je tire aussi une grande satisfaction du fait d'avoir aidé des gens à changer leur alimentation, à prendre soin de leur peau et de leur corps autrement que dans un souci d'apparence. L'entrepreneure que je suis devenue grâce au destin et à beaucoup d'efforts a réussi sans jamais cesser d'être une mère de famille responsable. C'est probablement mon plus grand accomplissement.

Cela dit, je continuerai de m'impliquer dans différentes causes qui me tiennent à cœur et qui s'accordent avec mes valeurs, celles qui concernent les enfants, les femmes, la santé ou encore l'éducation, entre autres. CARE Canada, par exemple, dont j'ai l'honneur d'avoir été nommée ambassadrice à l'international en 2013. CARE Canada est un organisme, malheureusement trop peu connu chez nous au Canada, mais très bien implanté au plan international, qui défend la dignité et la lutte contre la pauvreté par l'autonomisation des ressources les plus vulnérables et les plus grandes du monde pour le changement : les femmes et les filles. La vision de cette organisation est la mienne, le désir d'un monde fait d'espoir, de tolérance et de justice sociale, où la pauvreté aura été éliminée et où les gens vivront dans la dignité et dans la sécurité.

Je continuerai à contribuer et à soutenir les actions de la Fondation Maman Dion et je resterai très concernée par le rôle que je tiens au sein du conseil d'administration de la Fondation de l'entrepreneurship du Québec et de la Fondation du cancer du sein. Et qui sait ?, je continuerai peut-être à investir dans des entreprises comme je l'ai fait devant vous, à la télévision…

À l'aube de la soixantaine, alors que beaucoup aspirent à une retraite méritée, je vibre à l'idée que mille choses peuvent encore arriver. Si Dieu me prête vie, il me reste probablement deux bonnes décennies d'activités devant moi. C'est autant de temps qu'il m'en a fallu pour bâtir mon entreprise et je reste animée par cette formidable intuition qui semble toujours me promettre d'autres projets excitants et autant de belles rencontres. Je suis intimement persuadée que je vivrai d'autres aventures qui feront peut-être l'objet d'un autre livre. Mon véritable plaisir est de ne pas savoir de quoi il sera composé…

Remerciements

~

Cet ouvrage est l'aboutissement de plusieurs mois de travail et je tiens à témoigner toute ma gratitude à mon éditeur, les Éditions La Presse. Je remercie Caroline Jamet et son équipe très compétente, Martine Pelletier, Sylvie Latour, Rachel Monnier et Sandrine Donkers. Elles ont su, avec beaucoup de professionnalisme, de patience et de délicatesse, me fournir les moyens, le temps et l'espace nécessaires pour publier ce livre.

Je remercie également la société Radio-Canada, le réalisateur Alain Chicoine et le coproducteur de *Dans l'oeil du dragon* Cité-Amérique.

J'adresse mon admiration à Mark, mon conjoint, pour son soutien inconditionnel, même lorsqu'il me retrouvait encore au petit matin à ma table d'écriture alors que, quelques heures auparavant, je lui avais promis d'aller me reposer.

Je m'incline également devant mes enfants, Linda, Nawel, Amel et Kader. Ils se sont avérés de véritables soutiens moraux et professionnels. Si j'ai toujours pu compter sur leurs compétences et leur sens des responsabilités lorsque les conférences que je donne m'éloignent de l'entreprise, ils ont également été très présents alors que, de mon côté, je m'adonnais aux joies de l'écriture.

Merci à mon ami Christian Gonzalez pour son précieux soutien dans la réalisation de ce projet.

Je tiens aussi à remercier tous ceux qui, de près ou de loin, ont contribué à me rendre là où je suis aujourd'hui : mes clients, mes employés, mes fournisseurs et même mes compétiteurs qui, d'une certaine façon, m'ont motivée à toujours me dépasser en prenant garde de ne jamais les dénigrer.

À vous, mon public, mes amis, merci de m'avoir aimée sans même connaître vraiment la «femme»! Vous avez vous aussi suivi votre intuition!

Et finalement, merci à la vie qui se charge chaque jour de m'offrir les éléments d'un scénario dont je viens d'avoir le plaisir de vous livrer les premiers épisodes.